# 成功销售的法宝
## 良好的服务

陈娟坡 编著

煤炭工业出版社
·北京·

图书在版编目(CIP)数据

成功销售的法宝:良好的服务/陈娟坡编著. --北京:煤炭工业出版社,2018
ISBN 978-7-5020-6840-0

Ⅰ.①成… Ⅱ.①陈… Ⅲ.①销售服务 Ⅳ.①F719.0

中国版本图书馆 CIP 数据核字(2018)第 194495 号

## 成功销售的法宝
### ——良好的服务

| 编　　著 | 陈娟坡 |
|---|---|
| 责任编辑 | 高红勤 |
| 封面设计 | 荣景苑 |
| 出版发行 | 煤炭工业出版社(北京市朝阳区芍药居 35 号　100029) |
| 电　　话 | 010-84657898(总编室)　010-84657880(读者服务部) |
| 网　　址 | www.cciph.com.cn |
| 印　　刷 | 永清县晔盛亚胶印有限公司 |
| 经　　销 | 全国新华书店 |
| 开　　本 | 880mm×1230mm $^1/_{32}$　印张 $7^1/_2$　字数 200 千字 |
| 版　　次 | 2018 年 9 月第 1 版　2018 年 9 月第 1 次印刷 |
| 社内编号 | 20180370　　　　　定价 38.80 元 |

**版权所有　违者必究**
本书如有缺页、倒页、脱页等质量问题,本社负责调换,电话:010-84657880

# 前言

《成功销售的法宝：良好的服务》从这个题目中大家已经了解到本书要介绍的主要内容，也能感受到它将对你产生的帮助，将为你创造的巨大价值。

你之所以拿起这本书阅读，我想肯定有很多的理由。比如，你想降低客户流失率，你想减少客户的不确定购买因素，你想杜绝客户的负面传播，你想增加客户的重复购买频率，你想增加客户的信赖感从而扩大购买量，你想扩大客户的正面传播，你想增加客户的满意度和忠诚度，你想引发客户的大量转介绍，等等。综上所述，我想不外乎以下两种主要原因：第一，对自己和团队目前服务客户的能力不够满意，因为服务不力，给自己带来了损失，不希望类似的事情重复发生。第二，希望自己或者团队的服

务品质变得更好,能激发客户更大合作的热情,超越对手,取得更大的业绩突破。

不管你是企业的老总,还是企业服务和销售方面的专业人士,抑或是一名普通的职员,肯定都想让自己在目前做的这家公司当中发展得更好,让自己的公司成为行业里面有影响力的机构,成为行业里面的佼佼者。

那么,怎样才能达到这一目的呢?是仅凭高质量的产品就可以的吗?现在科学技术高度发展,社会上的产品可谓如出一辙,所以在凭借高质量产品吸引顾客眼球和购买欲的同时,良好的客户服务理念与技巧对提高客户购买欲、增加销售额显得至关重要,它对一个公司未来的发展更是有着非同一般的作用!

# 目 录

|第一章|

## 服务是一种文化

客户的满意度排第一 / 3

客户是朋友 / 7

站在客户角度考虑 / 13

你的服务宗旨是什么 / 20

体验自己和竞争对手的服务 / 23

服务需要学习 / 25

服务是一种文化 / 28

亲自拜访高层客户 / 31

服务在"注意" / 39

如何应对客户投诉 / 43

如何快速、有效地处理投诉 / 49

成功销售的法宝：良好的服务

|第二章|

## 卖产品更是卖服务

服务的观念很关键 / 61

销售始终是在卖服务 / 63

每个人都是潜在客户 / 66

客户买的不仅是产品，还有服务 / 68

客户的问题就是服务的主题和价值 / 71

最好的销售是用心服务 / 74

好的服务是好的开始 / 77

培养亲和力 / 80

帮助客户解决问题 / 90

客户需求要满足 / 93

以客户为中心 / 97

持续提供优质的服务 / 102

提供个性化服务 / 108

# 目 录

诚实是销售的关键 / 112
对客户的怒气不要介意 / 116

|第三章|

# 服务制胜

设计公司的服务流程 / 121
微笑的艺术 / 128
经常问候你的客户 / 132
有服务才有客户 / 134
成交从服务开始 / 137
消除负面影响 / 140
充满热情去服务 / 143
关注你的客户 / 147
服务从喜欢开始 / 153

宽容客户的恶劣态度 / 156

服务始于爱 / 158

个人形象是服务的关键 / 162

关注服务的细节 / 167

信守承诺 / 169

用心服务才能有效率 / 172

|第四章|

## 服务好客户

了解顾客的消费心理 / 179

客户都需要安全感 / 185

客户都有怀旧心理 / 190

满足客户的虚荣心理 / 195

打消客户的挑剔心理 / 203

## 目 录

客户需要的是"物超所值" / 208

合理的价格是销售的关键 / 215

销售是为客户解决问题 / 218

消除客户的逆反心理 / 222

培养令人喜欢的性格 / 227

第一章

服务是一种文化

第一章　服务是一种文化

## 客户的满意度排第一

据《美国新闻和世界报道》统计，在失去的客户中，有68%是由于企业资源没有服务好客户而导致的。这一比例令人惊奇。让我们来看一下下面的具体数字：

1%的客户之所以放弃某家公司是因为公司内某个人去世了。

3%的客户是因为这家公司更换了地址。

5%的客户是因为另结新欢。

9%的客户成了竞争对手。

14%的客户是因为不满意。

68%的客户是因为服务质量差。

研究表明，在25个不满意的客户中：

有1个客户抱怨。

有24个客户不满意，但不抱怨。

这24个不抱怨的客户中，有6个存在"严重"的问题。

这24个不抱怨的客户会分别向10~20人讲述他们的不满经历。

也就是说，这24个客户会向250~500个潜在客户讲述他们的不满经历。所以各位，你要不要降低客户的抱怨，你要不要提高服务的品质，我相信你一定要，并寻找相应的措施。那么接下来的内容对你就相当重要了。

古时候有一个非常知名的神医叫扁鹊，有一次，魏文王问扁鹊说："听说你们家兄弟三人，都精于医术，到底哪一位的医术最好呢？"扁鹊回答说："长兄最好，中兄次之，我最差。"魏文王再问："那么为什么你的医术最出名呢？"扁鹊回答说："我长兄治病，是治病于病情发作之前，由于一般人不知道他事先已经铲除病因，所以他的名气无法传出去，只有我们家的人才知道。我中兄治病，是治病于病情初起之时，一般人以为他只能治轻微的小病，所以他的名气只及于本乡里。

## 第一章 服务是一种文化

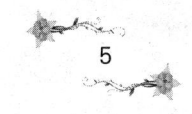

而我治病,是治病于病情严重之时,病人看上去好像都是无药可救了,人们都看到我在经脉上穿针管放血、在皮肤上敷药作大手术,所以以为我的医术高明,能够起死回生,名气因此响遍全国。"

其实在我们平时对客户服务的过程中,虽然我们已经很用心很努力了,但有时仍可能还会遇到客户的不满,甚至投诉。我们该如何面对?就像上面这个故事一样,最好的办法就是将病消除在未发之时。对于服务来说,客户虽然可能有不满意,但我们也要将这种不满意降到最低,最大限度地降低客户的不快,这一点非常重要。

我们先来看一下美国哈佛商业杂志发表的一篇研究报告,有什么发现吧!

(1)推销员80%的销售业绩来自于其20%的客户,这20%的客户是和销售员长期合作的关系。如果丧失了这20%的关系户,那么推销员将会丧失80%的业绩。当产品普及率达到50%以上的时候,更新购买和重复购买则大大超过第一次购买的数量。这些说明了什么呢?说明客户服务人员如果不能留住老客户,那么提高销售额的机会也就大大降低了。

(2)留住老客户可节省推销费用和时间。因为老客户已

经有了很好的满意度和忠诚度，就像一个花蕾，已经拥有了开花结果的很好基础，只要再投入一点，便能够结出丰硕的果实。而新客户则需要投入更多的时间和心血，增添养料。所以，维系和老客户关系比建立新关系更容易。美国管理学会曾统计，开发一个新客户的费用是保持现有客户的10倍，所以维护老客户是降低销售成本的最好方法。

（3）几乎所有销售明星的秘诀之一，都是避免失去任何一个顾客。

所以说，要用心服务，抓住每一个客户的心。只有这样，你才能争取到更多的客户，提高自己的业绩，促进自己成功。

第一章　服务是一种文化

## 客户是朋友

在生活中，朋友意味着真诚，意味着信赖。朋友就是那个在自己困惑时给自己指明方向，提供选择的人。在销售员与客户之间也是如此。

很多销售人员走上销售的道路是因为他们喜欢与客户打交道。尽管对人友好非常重要，但这也只是能与客户和睦相处的一部分。建立良好的关系就是"喜欢与这个人打交道"，闲谈也是友好交往中的一部分。但是，在实际的销售过程中，许多销售人员只把自己的能力局限在与人友好这一点上，而在整个对话过程中，他们没能利用回应或表示深有同感来与客户建立

融洽的关系。在这样的情况下，需要提醒大家的是：要想成为最优秀的销售人员，就必须严格要求自己，杜绝所有的借口，朝着目标坚定前进，接近完美，直至达到完美！

如果有人问你心目中完美的职业是什么，你会怎样回答？你认为什么样的职业特征是重要的？你会写下以下的内容："没有一件事情是绝对完美或接近完美的，等到所有的条件都完美以后才去做，只能永远等下去。"

推销过程中，如果忽略了商品缺陷，只能让推销工作更加艰难。因此，在客户提出任何质疑之前，你要对商品的主要缺陷都做到心中有数，通过营销策略、搭配销售等，使其转化成销售卖点。

如果上面的这些对你很重要，那么销售将是你的最完美的选择。

百闻不如一见。如果能让顾客亲自来示范，那你就不要示范。让顾客来做，他们会更心服口服。要销售产品，首先要对产品有体会，有百分之百的信心，这样才能赢得客户的信任。

对于某些销售人员来说，销售则是他最后的选择，他往往因为找不到一份合适的工作而选择销售。而另一些人则在销售经理人的劝说下，放弃了原来不喜欢的工作，开始尝试着做销售。

## 第一章 服务是一种文化

然而，更多的人是因为销售能提供很多机会而选择它，并且它的回报比较丰厚。调查表明，在所有行业中，销售的回报是最高的。统计表明，销售收入超过5万美元的从业者要远远多于其他行业，而且许多销售人员赚得更多。

所以请相信，销售就是你最完美的职业。在我的一次培训课上，一群销售人员问我："我们如何才能与客户达成共识呢？"我对他们说，只有通过完美的销售解说才能与客户达成共识，因为一个完美的销售解说是不断检讨、不断修正、不断改进的结果，每一个案例都要认真对待，不断修正，用严于律己的心态对待自己。很多人有一种所谓的"差不多"的观念，例如已经做到90%，差不多了，这是自我纵容的一个借口，为自己的不求上进找一个理由。

对销售人员而言，用语言表示深有同感并不是件容易的事情。也许你同客户会有同感，但要把它表达出来可能会让你觉得很别扭。但是口头表达关切和关心有助于减少客户的自我防御，能使你的话更容易让人信服。尤其是在面对一个情绪化的人或是谈论一个敏感话题时，如果销售人员一开始就诚挚地表达出深有同感，这会让客户更容易接受你的回答。当然，这种同感的表达必须是真实的，因为现在的客户都很精明，他们

很容易识别出那些虚假的表达。这就好像以前人们对美国各巨型公司的感觉是"害怕其力量过于强大",而到了现在,则是"害怕它们软弱无力"。那么,怎样才能做大、做强、做久呢?只要你提高了销售业绩,自然就强大了,而要实现这一点,则是每个销售人员自我严格要求的结果。只要你力求自己做到完美,同样可以成为大家羡慕的销售高手。比如,原一平"逗准客户笑"的方式就达到了营造祥和的谈话气氛和发挥自己幽默个性的作用。

那么,我们怎样才能取得如此成效呢?记住,在拜访的过程中,设法打开沉闷的局面,逗准客户笑是一个很好的接近方法,这种方法在原一平的身上淋漓尽致地体现出来了。

原一平曾以"切腹"来逗准客户笑。

有一天,原一平拜访一位准客户。

"你好,我是明治保险公司的原一平。"

对方端详着名片,过了一会儿,才慢条斯理地抬头说:"几天前曾来过某保险公司的业务员,他还没讲完,我就打发他走了。我是不会投保的,为了不浪费你的时间,我看你还是找其他人吧。"

## 第一章　服务是一种文化

"真谢谢您的关心，您听完后如果不满意的话，我当场切腹。无论如何，请你拨点时间给我吧！"

原一平一脸正气地说，对方听了忍不住哈哈大笑起来，说："你真的要切腹吗？"

"不错，就这样一刀刺下去……"

原一平一边回答，一边用手比画着。

"你等着瞧，我非要你切腹不可！"

"来啊，我也害怕切腹，看来我非要用心介绍不可啦。"

讲到这里，原一平的表情突然由"正经"变为"鬼脸"，于是，准客户和原一平一起大笑起来。

无论如何，总要想办法逗准客户笑，这样，也可提升自己的工作热情。当两个人同时开怀大笑时，陌生感消失了，成交的机会就会来临。

"你好，我是明治保险公司的原一平。"

"噢，明治保险公司，你们公司的业务员昨天才来过，我最讨厌保险，所以他昨天被我拒绝了。"

"是吗，不过，我总比昨天那位同事英俊潇洒吧？"

"什么？昨天那个业务员比你好看多了。"

"哈哈……"

善于创造拜访的气氛，是优秀的推销员必备的。只有在一个和平欢愉的气氛中，准客户才会好好地听你说产品。

第一章　服务是一种文化

## 站在客户角度考虑

在销售的过程中，销售人员应该把客户当作与自己合作的长久伙伴，而不是时刻关注怎么最快地把商品卖给客户。销售人员只有把顾客的问题当作自己的问题来解决时，才能取得客户的信赖。因为适当地为客户着想，站在客户角度考虑，会使销售人员与客户之间的关系更趋稳定，也会让你与他们的合作更加长久。

在销售过程中，很多销售人员的内心都有这么一个原则，那就是"以盈利为唯一目标"。于是，在这一原则的指导下，许多销售人员为了使自己获得最多的利益，总是不惜去损害客户的利益。他们或者诱导客户购买一些质劣价高的商品，或者是达成交易后就感觉事情已经与自己无关，不管客户在使用商品的过程中会出现什么问题。其实，这样做可能会在短期内获得不菲的收益，但从长远的角度看，对销售人员的发展却是不利的。因为如果客户的利益受到损害，他们对销售人员的信赖度就会降低。长此以往，就会导致销售人员的客户不断流失，从而使自身的利益受到巨大的损失。

因此，为了能留住老客户，发展新客户，销售人员就要做到为客户着想，适当地为客户提出能够为他们增加价值和省钱的建议，这样销售人员才能够学到客户的欢迎。所以，我建议你注意以下几点：

1.不要做过多承诺

在销售过程中，推销员常常通过向顾客许诺来打消顾客的顾虑。如，许诺承担质量风险，保证商品优质，保证赔偿顾客的损失；答应在购买时间、数量、价格、交货期、服务等方面给顾客提供优惠。推销员在不妨碍推销工作的前提下，不要做过多的承诺，同时要考虑自己的诺言是否符合公司的方针政策，不开空头支票。推销员一旦许下诺言，就要不折不扣地去完成自己的诺言。

第一章　服务是一种文化

## 2.对产品要充分了解

当你对一件事了如指掌,得心应手的时候,无疑会表现出自信。所以,当你对产品的各种相关知识,对销售知识能彻底了解并予以掌握时,当你能迅速满意地向顾客解答疑问时,你不但可以增加自信心,还可以取得客户的信任。

生活中常常有这种现象,在商场或超市里,同一种产品往往有很多种品牌,价格也各异,对一个犹豫不决的客户而言,他往往会询问店员这些不同品牌之间的差别。这是客户购买前的基本要求,理应得到满足;而多数店员无法回答清楚地回答客户问题,因为他们对产品的了解没有那么多,这样的销售人员是不合格的,更无法赢得客户对产品的信赖。同样对于推销员来说,了解自己的产品的专业知识是进行推销的前提。如果一个推销员对自己的产品只是一知半解,而都希望客户不加询问就掏钱购买,这简直是异想天开。IBM公司就是这样要求自己的推销人员的:

IBM的推销员首先必须是个专家,因为对于计算机这种高科技产品来说,只有专家才能够对产品有很深入的了解,才能够回答客户提出的各种专业性很强的问题。IBM认为一个推销

员首先必须对自己的产品有深入的了解,必须接受严格的产品知识培训,然后才能够去见客户。一问三不知的推销员会砸掉IBM专业化品牌的形象。

为了进一步获取客户的信赖,推销员可以向客户出示有关产品的保证书,还可以将已经签下的订单和用户的签名,复印入在档案夹,也可以收集顾客的现身说法,产品分享录音带及各种剪报,客户翻阅时,会不知不觉地对其产生信任。

任何销售技巧的建立在于对产品的充分了解,同时对产品的充分了解还必须重点突出。推销员应该为自己的产品设计一个卖点,这个卖点必须是能够吸引客户注意的产品本身具有的优点。推销员没有必要面面俱到地介绍产品如何好,只需要充分了解产品的卖点并说出来,就能够很快地勾起客户的购买欲,那种任何一个方面都突出的产品等于任何方面都不突出。

3.称赞竞争产品的优点

对于推销员来说,熟悉产品不仅要熟悉自己所推销产品的优点和缺点,而且要熟悉竞争对手产品和替代品的优缺点。因为世界上没有最好的产品,只有更好的产品。

如果对竞争产品的优点视而不见,或只是一味地指责,可能会激起顾客反感。称赞同行会让人觉得你不仅有气度,更会

## 第一章　服务是一种文化

让他们觉得你是一个真诚可靠的人。

大多数推销员都把自己的产品形容得比竞争对手的产品好，这不但不能让顾客相信，还会让消费者感到不可信、不公平甚至讨厌。这样也有可能受到竞争对手的报复，如果竞争对手感到自己受到不公正的待遇，有可能会与你对簿公堂。

**4.懂得关心客户**

一流的推销员是真正懂得关心客户的人，所以千万别一见面就摆出谈生意的面孔，那会使对方反感，尽量和顾客交朋友，使其感受到你的真诚。顾客喜欢和关心他的人做朋友。

美国有一个推销保险的大师，曾一年推销10亿美元的人寿保险，他的秘诀就是关心客户。在这方面他有过深刻的教训：刚刚做推销员的时候，一次他向某位客户推销儿童保险业务，这位客户的小儿子从其面前跑过，结果摔了一跤，他没有任何反应，仍然是继续向客户推销保险。这位客户有些不满，走过去把儿子抱起哄他，然后对他下了逐客令。他表示不理解，希望和客户进一步商谈。该客户愤怒了，指着他的鼻子说："我儿子在你面前摔倒你都不扶一下，你让我怎么相信你推销的儿童保险能保障我儿子的权益？"最后，他只好灰溜溜地离开。

从那以后，他每次推销都要告诫自己，先关心客户的需要，然后再谈业务。果然，业绩大增。

关心顾客要做到以下三点：

1. 急对方之所急

推销员在销售之前要了解顾客有什么困难需要解决，了解了顾客之"急"，然后才能"应急"。如果顾客是位集邮爱好者，特别想补齐一套纪念邮票。你若能帮其补上这个缺，便是对他最好的关心，从而打动他的心。

2. 把握顾客的目的所在

销售过程中，你要注意顾客的反应。如果你是运动器材销售人员，顾客的谈话一直在运动器材的外型美观问题上，你就不必多说该运动器材的性能如何了。

3. 掌握对方的兴趣爱好

掌握对方的兴趣爱好，最有助于和顾客交朋友。如果你向一位打扮入时，花枝招展的少妇推销电磁炉，你便可以这么说："先生和孩子都会高兴您美丽永保的，电磁炉，没有油烟，自动烹饪，不会对您的皮肤产生任何伤害。"这样就可能博得对方的好感。

从上面的分析可以看出，能为客户着想，是销售的最高境

## 第一章　服务是一种文化

界。当客户意识到销售人员在想方设法、设身处地地给他提供帮助时，他会很乐意与其交往，更乐意与其合作。所以，在销售的过程中，只要销售人员能够站在客户的立场上为他们的利益着想，并真诚地与他们进行交流，就会赢得他们的信赖，并使之成为长期而牢固的合作者。

成功销售的法宝：良好的服务

## 你的服务宗旨是什么

　　什么是客户服务的宗旨？就是企业全体员工在面对客户的时候，所应该采取的一种态度和整体的要求，也就是你公司员工对待客户的最高原则。当这种原则制定出来，成了公司里的规章制度之后，不仅让企业全员在客户服务中的方向和概念有一个明确的掌握度，并且对员工也是一种约束，让他们知道客户服务的重要性，知道自己为什么要这样去做，怎样去做。我形象地将它比喻成黑夜里的一盏明灯，因为它让企业员工明确了目标，不至于在客户服务工作之中，出现不知道怎样去做才好的局面。

## 第一章　服务是一种文化

比如说海尔公司的服务宗旨叫作"真诚到永远",这就是海尔的所有员工面对客户时应该具备的基本态度,无论你是哪个部门的员工,当你面对客户时,你首先就要拿这一点来要求自己。

IBM公司的宗旨是:"第一,客户永远是对的;第二,如果你有任何异议请你参照第一条。"IBM在建立初期,曾经以这样的广告宣传自己:"IBM就意味着服务。"直到现在,这仍是IBM最好的广告词。对于IBM的所有职员来说,这意味着给客户"提供世界上一流的服务"。

小托马斯·沃森十分明确地说过:"服务的声誉是公司的主要资产之一。我相信在IBM,服务最终应成为一种'本能反应'。"在IBM,为客户提供品质最高的服务是所有员工的责任,所有员工的一举一动都要以顾客的需要为前提。因此,IBM公司对员工所做的"工作说明"中特别提到要对顾客、未来可能的顾客都要提供最好的服务。"客户永远是第一位的"观念已经是IBM员工最重要的行为准则之一。

当所有的员工有了这样的认知后,面对客户时,就应当知道不可以去和客户争辩,只能去做好服务,即使客户错了,也

不要感觉受到错误的对待，也要帮助其解决问题，而不是去争论谁对谁错。

　　你的企业有服务宗旨吗？如果你的企业目前还没有，一定尽快制定一个。因为它虽然看似很简单，可是对全体员工的工作却具有指导性，对长远的服务品质保障也具有规范性。更重要的是，它能使客户看到你对待他们的态度、标准和要求，对你的服务也有了一个参照标准，同时也明白了你服务的重点和中心。

第一章　服务是一种文化

## 体验自己和竞争对手的服务

企业要想减少客户的抱怨和投诉,就必须能看到自己存在的问题。

企业与客户之间存在最大的问题是因为站立的角度不同,从而使双方产生误差,使得企业所提供的服务并不一定能够真正地满足客户的需要;另外一个原因便是激烈的市场竞争中,为了获得更好的生存和发展空间,各个企业都推出了具有自己特色的服务,你的竞争对手推出的服务可能要优于你所提供的,而客户在你这儿没有享受到,他们便会向你提出异议。之后,如果要求不能满足,满意度就会降低;如果再得不到很好的解决,客户

便会自动地流失到竞争对手那里去。

所以，解决的方案只有一个，就是要知道问题在哪里。找到了问题就可以寻找解决的方法。为了能减少彼此之间的误差，我们可以转换一下角度，从客户的立场去看待我们所提供的服务是不是真的是客户所需要的，是不是真的令人满意。并且经常到一些竞争对手那儿去感受一下他们所提供给客户的是一种什么样的服务，吸取他们之中较好的部分，不断完善自我。

当然了，有一些企业有自己的展示厅，那展示厅的工作人员服务到底怎么样呢？你可以以客户的方式体验服务。你可以邀请你的朋友或者邀请一个你公司的员工不认识的工作人员，以客户的方式到展示厅去选购产品或者体验服务；然后提前想一些比较刁难的问题，看你的同人是如何来解决的，如何来服务的；再把这些问题反馈到服务部门，立刻制定出改进方案，这都是很好的方法。此外，我们还要到竞争对手那里去体验服务，学习他们的运作方式，学习他们的服务系统，看哪里做得比较好，哪里做得不好，客户对他什么地方满意度比较高，什么地方满意度比较低，好的我可以借鉴，尔后进行转化，不好的检查一下自己是否有类似的问题，是不是要做出改变，不让客户对这些方面有抱怨。做到这一点，你的服务也会越来越受

第一章　服务是一种文化

欢迎。

## 服务需要学习

假设你是一个领导者,要想让你的同事或你的下属及周围的朋友都很注重服务的品质,那么你认为"说教"比较好还是"示范"比较好?答案是肯定的——当然是"示范"比较好。

什么叫作示范?请看发生在英特尔公司的事例。

有一天,一位用户发现,在他们生产的装有英特尔存储芯片的电脑中,存储器有时会失去作用,而过一会儿又自动恢复。这一离奇的现象没有人能够解释它产生的原因。但是,问题如果不尽快解决,无疑会给客户公司带来巨大的财务和信誉灾难。用户

的困难就是自己的困难，英特尔公司马上成立专家小组，着手探寻问题的症结所在。当时英特尔公司的最高领导也是技术权威摩尔亲自参与研究解决办法。在他的亲自指导下，研究人员终于发现，原来是存储器的陶瓷封装内的一小片辐射性的材料导致了存储功能的突然消失。于是，问题迎刃而解，客户感激涕零。这不仅是一次技术的指导、问题的解决，更是一种服务态度的示范，领导者亲自服务客户，给下属做出一个表率，然后层层复制。这样产生的整体力量远远超越示范的本身。

什么叫作督练？就是要督促你自己，要督促你的下属，去不断练习我们服务的表情、服务的用语、服务的态度以及服务的技巧。很多人都知道服务客户的时候要微笑，都知道服务的时候要不断点头确认；在服务客户的时候一定要认真聆听，甚至身体要前倾，是不是？可是，问题在于有多少朋友觉得自己的微笑是灿烂的？有多少朋友可以认真聆听并百分之百明白客户的意思？有多少朋友可发自内心地让客户接收到他那份真诚的态度？而这些非常简单的动作是他们做不到吗？不，不是他们做不到，而是他们没有练习，这才是问题的关键。

所以我经常和学员讲，什么叫学习？有人可能上了几十

## 第一章 服务是一种文化

年学，也没有完全搞明白怎样学习？学习就是边学习边练习，学问就是边学边问。如果你想要改善你自己，也想改善你的下属，改善你周围的朋友的服务品质，那你就要亲自去示范而且要不断地监督、不断地督促他们去练习，并且不断地去检讨。

只要这样不断去练习并做出检讨和修正，下一次一定比这一次做得好，练习过一定比没有练习做得好，检讨修正过一定比检讨修正前做得好。只要客户给我们机会，下一次一定比这一次满意。

有这样一句话："学习是边学习边练习，习比学更重要，习的程度决定学的结果！"学只能让一个人知道，练却能让一个人做到。人生成功的主要秘诀不在于失败，而是在于是否能从失败中吸取教训，从而检讨，找到正确的方法，最终达到成功。

所以你问问自己，在你的团队当中，你是不断地在说教还是在示范？你是老是让下面的人练，还是自己也一起跟着练？你只管监督别人练，还是也监督自己练？你是光练习还是不仅练习也在不断检讨改进？

因此，只有勤于演练本职工作，本职工作才可能熟能生巧；只有不断检讨改进服务品质，才能持续得以提升，达到一个更高的层次。

## 服务是一种文化

有些人认为，为别人服务是一种耻辱，这种观点是不正确的，也是不可取的。事实恰恰相反，服务是一种文化，我们应该觉得为别人服务是幸运的事，是一种荣耀。

所以，我们如果要想真正地做好服务，就首先必须在公司倡导一种服务文化，去营造一种全员服务的氛围，让同人感觉到服务是一种荣幸，是一种快乐，是一件有价值的事。当我们有了这种服务的文化和服务的氛围时，就可以不断去推进和提升自己。

降低抱怨和投诉非常重要的策略就是："承诺并推进服

## 第一章　服务是一种文化

务文化。"什么是承诺服务文化？就是下级向上级做出承诺，经理向部门做出承诺，全体员工向公司做出承诺，公司向客户做出承诺，承诺我们全员都是服务人员，承诺我们会按我们的服务宗旨去做。什么是承诺？承诺就意味着没有理由、没有借口、没有不可能，意味着一定要做到。

　　IBM公司承诺"我们销售的不仅是产品，还有超值服务。"超值服务已经成了它的文化。他们是这样理解的。超值服务就是指超越常规的服务，也就是做到这个国家和这个企业规定的服务之外，自觉地使这种服务无限延伸，超越顾客的要求。这种超值服务，会使顾客深切感受到企业无微不至的关怀，从而使顾客和企业之间建立起友好、融洽的关系。这是对传统服务观念和服务行为的挑战。IBM有一整套有效的通信服务系统，以保证在24小时内解决顾客提出的一切问题。有一次，一家公司用的IBM的产品发生故障，IBM公司在几个小时内便请来了八位专家，其中四位来自欧洲，一位来自加拿大，一位从拉丁美洲赶来，及时为用户排除故障。这件事之后，这家公司与IBM签订了长达八年的供货合同。

　　所以请问大家，你是否敢向自己承诺，你是否敢向同事

承诺，你是否敢向客户去承诺服务文化？如果你去这样做了，如果你公司有全员服务的心态，那么每一个客户跟你的公司，跟你公司的任何一个部门打交道的时候，都会有同样的一个感觉，就是你公司的服务品质太好、太棒啦，让对手无可替代，同时我相信，他跟你合作的信心和意愿也会大大加强。

第一章　服务是一种文化

## 亲自拜访高层客户

著名的盖洛普咨询公司在全球行业中做过一项调查，调查的对象既有通用电气、波音、强生等世界级跨国公司，也有各个国家排在前位的大公司，还有名不见经传，只有十几个人的小公司，他们所从事的行业与性质各异，但调查的结果却是惊人的相似：95%以上的企业认为，企业发展最关注的问题应该是品质和服务。接近98%的企业领导对员工最渴望的是，在工作中的创新服务，以及能否提供给顾客超值的服务。

既然那些大公司的领导者都这么关注服务的品质，那我们自己又是怎么做的呢？请问，一般是谁去拜访客户次数最多？

肯定是我们的业务人员。

客户为我们企业支持很大，合作了很久，可是连我们老总的面都没见过，更不用说我们的老总亲自向客户表示感谢了！所以，公司的高层一定要亲自拜访客户的高层。在恰当的时候，比如客户公司有重大节日的时候，我们公司的经理不妨和对方的老总约个时间，亲自去拜访客户一下，带上一份小小的礼物，亲自向客户去表示我们的感谢，亲自上门做服务，亲自上门了解客户的真实需求，聆听客户的心声，这样所带来的结果会大不一样。

公司高层亲自拜访客户高层，不仅可以增加双方情感上的联络，令对方感受到你对他的重视；同时，还可以征求对方的意见，即使前期客户可能有小小的不满意，或许会因为总经理的亲自拜访、亲自服务、亲自道歉而被打动，使不满意化为满意。

有一位成功者说道："我有一个很重要的习惯，就是经常花时间去拜访客户高层，进行信息采访、搜集，并征求对方一些好的、可行性建议，这让我受益很多，公司发展得很快。我有一个很重要的原则：三分之一定律。就是我每月拿出三分之一的时间去亲自拜访客户。另外在拜访客户公司高层的时候，我还会问到这样的几个问题：

## 第一章　服务是一种文化

第一个问题:"假如你是我公司的决策者,请问我在哪些方面应该做出改进?"

第二个问题:"你觉得我立刻要加以完善的是什么?立刻要做出改进的是什么?"

第三个问题:"我在哪一方面做出改变,才可以令你更加满意?"

第四个问题:"请帮助我提供几个思路或几条建议,能令你对我们无可挑剔?"

客户公司的高层提出的想法和建议,就是客户真实的需求,以前我们可能也了解过,但不全面。透过高层拜访,了解了真实情况后,回去立刻做调整,再运用我们前面讲的一些服务策略,提高我们的服务品质,这样客户的满意度和未来合作的概率就会提高,合作空间就会扩大。

当然,为了做得更好,我还要给你一个重要的忠告:倾听客户的真实声音。我们任何的服务方式,都具有单向性和局限性。只有倾听不同的市场和客户的真实声音,我们的服务才能显得与众不同,并贴近客户的真实需要。那么我们怎么去倾听客户的真实声音呢?

下面给大家几点建议，相信会对各位有帮助。

1.倾听客户的评价

大多数客户不愿意自找麻烦。对于那些愿意提供信息反馈的客户，我们要特别重视。不管他们提出的是正面的还是负面的评价，甚至是尖锐的抱怨，我们都要重视。他们能这样做说明他们有继续维持关系的倾向，如果他们不想继续下去的话，他们会直接寻找竞争对手。

所以客户的评价，无论好坏，都应记录在案，并对客户的这种行为表示由衷地感谢，同时给予最好地回应。

2.年度服务回访

这是一种提高服务质量的定期回访，通常每年一次，由公司的一些员工，最好是经营主管或合伙人，同公司最好的客户进行会谈，询问他们在过去一年中对公司服务的满意程度，以及公司表现出色的地方和有待改善的地方。

比如，可以问："现在客户的主要问题有哪些？我们能帮助他们做些什么？现在客户的满意度如何？哪一项服务对于客户来说是最重要的？……"这样能进一步了解客户的需求，以便公司在下一年度能更好地为客户服务。

最好是公司的高层代表抽出时间和客户进行面对面会谈，

## 第一章　服务是一种文化

这更能表明公司是真诚关心客户的。尽管不可能同所有的客户进行会谈，但对那些对公司的未来发展至关重要的客户一定要这样做。

### 3.焦点群体的深度访谈

企业的成功，在于焦点群体的持续支持，要想赢得焦点群体的长期合作，你要不断地给他合作的理由，让他不断地感受到与你合作的价值，一直有各种利益在驱动他向你靠近。怎样才能做到这点呢？那就是深入、具体、详尽的深度会谈。

戴尔电脑创办人曾经说他成功的秘诀就是："永远要做到客户需要的前方。"要想做到客户需要的前方，你就必须进行深度的访谈，不仅要倾听客户现在的声音，还要倾听对未来的心声。

### 4.客户单项订单调查

同一个客户，对同一个服务人员，在不同时间、不同项目上的感觉是有所不同的，更何况是不同的客户对不同的服务人员呢，所以，在完成每一个订单或项目时，向客户发一份调查问卷，了解并确定公司服务的优点和缺陷是很有必要的。通过这类调查，可以得到客户的一些肯定与见证，让我们有信心服务得更好，这也是一种无形的正面激励，公司也能够找出一些过去被忽略的问题，及时实施改进服务的措施与补救计划。

### 5.对老客户的调研

所有的新客户随着时间的推移,都自然而然地会变成老客户,他的生活与事业都在经历着各种变故,对这些过往客户的调研,不仅是对他们的关心与服务,更可让我们学到如何面对现在的新客户,过往客户往往是新客户的前身。

古人说:"前车之鉴,后车之师。"你应该去问过往的老客户一些问题,比如,现在的我们与过去有什么不同?你认为我们与过去相比,做得好的有哪些?做得不好的有哪些?你对我们的认同感是增加了还是降低了,为什么?最近有哪些同行与你有过联络?给你印象比较深刻的有哪些?最认同的是哪一家,为什么?我们怎样做能让你对我们保持持续的热情?……如果你真的这样去做了,那么不仅你的老客户会热情地回头合作,你的新客户的保持率也会大大提高。

### 6.问题跟踪访问

无论客户回应是否及时,是否积极参与,我们都要对客户回应的部分问题,制订改进的方案与措施,并将实施的结果及时反馈给客户,最好能顺便送一些特别的礼物以表达对他们的感激之情,并继续向他询问没有给我们回应的另一部分问题。这就叫作问题跟踪访问。这样一来,通常客户都会比以前表现

得更加积极，你就可以问一问，刚开始他们为什么不太乐意接受你的访问与调查？

这样做，你还可以有意外的收获。有些客户刚开始时不会积极响应你的一些问题，也许有很多原因，但其中之一是我们的原因，他会觉得我们是走过场、随便问问、客气一下而已，如果你能坚持多问几次，客户看到你的认真与坦诚，他不仅会很好地回答你，而且会对你充满欣赏，认同感会大大提升，从而能积极协助你，让你把工作做得更好。

做到以上六点，到底对我们有什么价值和意义呢？

（1）更加紧密贴近客户的心，增进了解客户的最新需求、喜好和倾向。

（2）从客户的角度衡量、评估服务的质量，以客户的需要与标准来改进服务项目，让客户感受到我们服务质量的提高。

（3）将客户的潜在需求作为产品与服务创新的方向，永远走在市场的前面，领先客户的需要，相信一步领先，将会步步领先。

（4）可以将访谈与调研的数据作为奖惩员工的依据。我经常在我的公司倡导一个公式：服务的品质+服务的量+服务的心态=报酬。我把它称之报酬定律，客户的评价是最公正、最权威、最重要的评价，胜过所有内部的考核。

（5）比较出竞争的优势和劣势，看到市场的威胁和机会，把自己放置于市场中的对手与客户中来衡量自己，从而确定自己的竞争优势，找准自己的定位，以便采用差异化的竞争模式。我在"企业超常规增长战略"课程中讲到了"不同法则"，其核心的一句话就是："没有竞争是最好的竞争，避开竞争是最快的竞争，最有效的竞争就是不用竞争。"这句话的意思就是说，没有竞争，求之不得避开竞争，也不错；最有效的竞争，证明我们最棒。

## 服务在"注意"

十个最低劣的服务形式:

(1)让顾客一直等待。

(2)做出了许诺却并不遵守。

(3)将顾客看作傻瓜。

(4)交流的技巧很生硬(客户服务人员缺乏与顾客对话的能力)。

(5)解说技巧很糟糕(客户服务人员不能做好商品推荐)。

(6)服务水平不能始终如一(好一天,坏一天)。

(7)顾客购买商品很困难。

（8）解决抱怨之辞的技巧很糟糕。

（9）在售货结束之时，没有说"非常感谢"。

（10）没有售后服务。

当我提到这十个低劣服务的表现形式时，我不由自主地想到松下幸之助的生意经，他又是如何服务的呢？不妨我们来对比一下：

1.购买前的信息服务

《松下生意经》第5条："卖好商品是好事，宣传好商品多卖更是好事。"第27条："到住户去问需求，还应携带一两件商品或商品营销计划去。"第29条："每天报纸中的营销计划要过目，顾客得知信息来订货，如果你还不知道，应该认为这是商人的耻辱。"

2.售货时为顾客制造舒适气氛的服务

《松下生意经》第2条："不可以上下打量顾客，不可讨厌地跟着顾客转。"第5条："要与自己的交易对象如亲戚般地搞好关系。"第7条："要把顾客的挑剔，看作是神圣的，无论意见如何，都要高兴地接受。"第13条："顾客来店调换商品或退货，接待时态度应比卖货时还好。"第18条："哪怕很小的赠品也会使顾客高兴，无赠品时应以微笑代之。"第28条：

## 第一章　服务是一种文化

"店前要热闹,店员要精力充沛、手脚勤快。充满活力的商店自然会吸引顾客来。"我国目前许多商店装修得非常豪华、典雅。这当然能为商店衬托出高雅的气氛,有利于吸引顾客。但我们认为,商店除了注重装饰上的豪华、典雅之外,更应注重服务态度的不断改善。

3.补缺服务

《松下生意经》第22条:"商品脱销是商店的疏忽大意。应当向顾客道歉,记下顾客的住址,并说:'马上进货,给您送去'。"

4.售后服务

《松下生意经》第6条:"对顾客买前的恭维话,不如买后的服务,这才是争取永久顾客之道。"此外,还应及时听取顾客的反映,及时按顾客的意愿改进商品。松下先生说:"生意人要最能了解消费者对商品的态度。生意人有许多机会听到消费者对商品的评语。因此,如果想使生意扩大,广开销路,便不能将这种评语置若罔闻。要充分地了解不满的原因,以商人的立场拿出自己的构想,也可以说是对商品有新的开发意愿,把自己的意愿告诉厂商,要求其改善和开发,能做到这种程度,才能算是做到对社会有益的生意。"

正如松下所指出的那样,假如销售人员能做到"顾客来店调换商品或退货,接待时态度应比卖货时好",顾客又怎能再计较销售者的过失!总之,服务和销售是一致的。销售需要优质的服务,优质的服务才能促进销售。只管销售,忽视服务,无疑是在毁灭销售。

第一章　服务是一种文化

## 如何应对客户投诉

1.请不要把投诉当投诉，要把投诉当成是学习和完善自我的机会

当客户向我们投诉的时候，我们从中可以发现自己的一些不足，我们自己没有做到的和没有想到的问题或是需要修改的地方。很多客户的投诉从另外一个角度帮我们寻找公司成长中的问题，实际上是变向地让我们找到了我们需要注意的方面，以及我们公司能够使用并且可能创造的价值。

所以，我们把客户投诉说成是一个学习和完善自我的机

会。如果一直没有客户的投诉，我们也将失去发现自身不足的机会，从中学习和完善的机会就大大下降。

所以，我想我们不要把投诉当投诉，要把投诉当成学习和完善自我的机会。抱着这种心态去面对客户的投诉感觉是不一样的，你所得到的结果也是不一样的！

2.请不要把投诉当投诉，要把投诉当成改变服务方向的有效回馈

我们今天的服务方式可能已经很好了，可是如果我们很好地针对客户的建议，加以进一步改进，那么我们一定可以比现在做得更好，下一次一定有更好的服务方式。

别人问毕加索大师："请问你对自己最满意的画是哪一幅？"毕加索大师说："我最满意的画在下一幅！"

所以，你最好的服务永远会在下一次。当客户来投诉你的时候，实际上已经告诉了你有哪些服务方式要修改，哪些要调整，哪些服务策略要改变，他给了你一个最有效、最直接的回馈。所以不要把投诉当投诉，要把投诉当成改变服务方式的有效回馈。客户买你产品的时候，你满脸微笑；客户掏钱的时候，你毕恭毕敬；而当客户说你的产品有问题，你的服务有问题的时候，甚至要投诉你的时候，你的脸色就开始不好看，态

度就开始大有转变，这是客户最反感的。

当客户投诉我们的时候，正是体验我们的服务态度、服务标准、服务能力以及我们做人做事是否言行一致的时候。如果我们能把客户的问题处理好，那么这个客户以后可能就会长期与你合作。假使今天你能够让一个即将离开的客户再回来，那他就不会再轻易背弃你。就像你的一个员工从你的公司离开了，当他一旦再次回来的时候，他在你这儿继续工作下去的决心比第一次来上班时会更大。客户与你的合作也是这样的，只要你能让他在这一次特别认可你的服务，那所产生的效果是不一样的。

我们明白，客户服务的主要目的不就是通过优质的服务促进销售吗？客户不满而投诉，不正好说明他们真正想要，真正需要吗？这对于我们来说，又何尝不是调整服务方向的最有效的信息回馈，从而让我们的服务做得更好，使得我们的企业竞争力进一步加强呢？

3.请不要把投诉当投诉，要把投诉当成搜集服务案例的好机会

服务的方式和品质可以通过很多方面来学习和提升，其中很重要的一方面就是从我们自己过去的经验和案例或者别人的

经验和案例中学习和提升。

　　因此，每一次的投诉，就是在为我们提供一个下一次如何更好服务的学习案例，我们在接受客户投诉的时候，不要把投诉当投诉，而要把投诉当成搜集服务的案例。透过这些案例不但能够让我们清晰地知道所存在的问题，更加重要的是，我们把这些案例记录下来，加以分析，找出解决的最佳方案，便可以形成一个系统，能够让我们在以后遇到类似的情况之后，有所借鉴，避免类似的事情出现，从而更好地为客户服务。

　　同时，我们在未来的服务过程中可以将这样的案例去和更多的客户分享，当再有和这些类似的情况出现时，我们不但可以透过过去的经验服务好客户，更重要的是，还可以告诉客户，曾经有合作伙伴有和他相似的想法，当我们为他解决了问题，他对我们的服务是多么满意，他现在对我们是多么支持……当我们这样去和客户讲的时候，会引发他采取相同的决定与我们更好更长久地合作。而且，这么难缠的客户我们都可以提供这么好的服务，那么那些不太难缠的客户我们肯定会服务得更好。客户对我们态度不友好，我们依然会对他友好，未来他也会对我们变得友好起来。

## 第一章　服务是一种文化

**4.请不要把投诉当投诉，要把投诉当成成长中的导师和教练**

为什么说"不要把投诉当投诉"；把投诉当成成长中的导师和教练呢？各位朋友你想象一下：当投诉来临的时候，是不是可以看作是一位导师或教练在批评我们的服务品质？当我们在处理投诉的时候，当我们在为客户解决问题的时候，实际上就像导师和教练一样训练我们可以在哪方面做得更好！他不断地训练我们服务的品质，服务的能力。这个世界不是名师出高徒，而是严师出高徒。

当一个客户用不好的脸色、不好的态度来投诉的时候，我们应该伸开双手让教练训练我们，让导师来教导我们。对我们严格的导师或教练是我们宝贵的资产。教练和导师现在对我们越严格，是不是我们未来的成就就会越大？今天导师或教练训练我们服务的品质和态度，透过他们的训练，我们不仅可以服务好前来投诉的顾客，而且可以在未来服务好更多类似的客户，让更多的客户满意，争取更多的支持，获得更多的业绩，带来更多的利益，创造更大的价值！这样不是很好吗？这样的教练和导师我们应该热情地欢迎才对啊！

**5.请不要把投诉当投诉，要把投诉当成提升顾客满意度和忠诚度的过程**

客户的满意度和忠诚度是在不断变化着的，我们每一次服务、每一个举动都决定着客户满意度的提升或降低。客户满意度和忠诚度要靠我长期的良好服务才能逐步建立起来。

客户每一次的投诉，其实是我们更好地了解客户的一次机会；对每一次投诉的处理，就是我们改变在客户心目中的形象、改变他对我们服务品质的看法，也是让他更了解我们服务态度的一个过程。

因此，我们不但应该用正确的态度去面对每一次投诉，更应该抓住每一次投诉的机会，去改变我们给客户留下的印象，去提高他对我们的认同度。我们要把每一次投诉及其处理当成建立和提升客户满意度和忠诚度的一个过程，我们要让客户带着问题来，带着更大的满意度走。客户来投诉是我们二次服务客户的机会。如果客户投诉时我们能做得比售前更好，更注重客户的需要，更尊重客户，更为客户着想，那么客户对我们的满意度和忠诚度怎能不提升呢？

第一章　服务是一种文化

## 如何快速、有效地处理投诉

　　上面讲了正确面对客户投诉的五个观念。树立这些观念固然很重要，但更重要的还是快速、有效地处理好客户的投诉。下面将着重讲一下快速、有效地处理投诉的八大步骤，相信会给你带来更大的裨益。

　　1.认真倾听，并说"谢谢"

　　各位朋友，要想处理好投诉，首先你要能换位思考，要能理解客户来投诉时的心情。当客户来投诉时，他一般是带着极大的不满甚至是愤怒，带着满腹的怨言和牢骚，也有可能是带着不快和委屈来的，不管是什么状态，他都是带着质问的情绪

来的。

所以，当我们还不了解任何情况时，切忌开始发表你的观点，如果你轻意说这是客户本身所错造成的，那是最笨拙的方式。面对投诉，我们要先处理心情，再处理事情，让客户先把一肚子的情绪发泄出来，无论他说什么，即使可能是丧失理智的谩骂，我们也要抑制自己的情绪，做到"打不还手，骂不还口"。只要你第一步能做到这一点，让他把情绪发泄出来，基本上你对投诉的处理已经成功了一半。

在倾听客户抱怨的时候，你要注意不要毫不在意或面无表情地听，而要认真地倾听，否则不但不能解决问题，而且还可能更加激发他对你的不满。

倾听要达到三倾：

（1）倾心。所谓倾心，就是用心倾听，要让客户能感觉到他此时就是你全部的一切，你工作的重点，你的心思全部放在为他解决问题的上面。

（2）倾情。倾情就是倾听时要灌注自己的情感，要让他感觉到你很同情他，你好像和他一样不幸、一样痛苦，一样受到极大的委屈和不公平的对待。

（3）倾倒。倾倒就是不管对方说什么都表示赞同与欣

## 第一章 服务是一种文化

赏:"是的,我很理解你……""是的,我能体会你的心情……"

当然,除了以上三点外,我们还可以配合其他的一些小方法,来表明你对客户在认真倾听。

(1)立刻拿笔记本做记录。记下每一个重点,要让客户感觉到你已经把他所说的每一句话、每一个字都记下来了,这样他才会放心地说得更多,并感觉到备受重视。

(2)和客户保持视线接触。眼睛是彼此交流的窗口,眼神的力量有时比语言更具有感染力。倾听时适当注视对方的眼睛,既可以表明你在认真倾听,也可以让客户感觉到你对他的尊重。

(3)让客户把话说完,不要打断。这不仅是尊重客户的表现,也说明你对客户的投诉内容很用心。

(4)不断地做出回应。无论客户对我们的指责是否正确,当他此时在诉说的时候,我们要做的不是立刻辩驳,而是不断地点头、微笑,不断地说"是的"。这样做不但表示你在用心地听,还会让客户体会到一种被认同的感觉。

(5)不要做与谈话无关的事。在接受客户投诉时,要用心倾听,不要做与此无关的事,连电话也尽量不要接,必要时

可让同事代你接或让同事记下号码，过后再回过去，这样做客户会很感动的。在听客户投诉时左顾右盼，边听边搞小动作或不停地看表等都是不可以的，这样会更加激怒对方，导致客户更加不满。

还有一点非常重要，就是无论是做销售，还是做服务，客户永远无法拒绝的两个字是什么，大家知道吗？各位，这两个字很简单也很重要，就是"谢谢"。无论何时何地，客户为你做了什么或你为客户做了什么，永远要说这两个字"谢谢"。

我们所提供的服务是否令客户满意，只有客户感知最深。客户投诉说明我们在客户服务工作中尚存在不足之处；所以我们应当表示感谢，这样会让客户感到自己受尊重而欣喜。

"是的，谢谢你告诉我们……""是的，谢谢你能够说出你真实的想法……""是的，谢谢你能够指出我们工作中的不足……"

你说"谢谢"越多，客户的抱怨就会越少；你说"谢谢"时越有诚意，客户的不满意情绪就会越低。

2.告诉他为什么"谢谢"

为什么要专门有一个步骤来解说"为什么向他说谢谢"呢？因为按照顾客的心理，一般说，他来投诉，我们应该是会很

## 第一章 服务是一种文化

反感、很讨厌的，当我们说"谢谢"时，他会觉得你是虚情假意。所以你不但要谢谢他，还要告诉他你为什么谢谢他，这样他才会觉得你是真的在感谢他。比如说："您好，真的谢谢你！你今天虽然很生气，但当你向我们说出来的时候，实际上是帮助我们发现了公司存在的问题，如果你不说出来，我们就不会知道，就不会去修正和提升。如果一直没有去处理的话，不仅是您不满意，我想也会引发其他更多的朋友不满意，会让我们的损失更多，所以我要感谢你！"这样说客户会觉得你很有品位。

"您好，我要谢谢你，你给我们提出了服务上的不足，实际上你在无形中给了我们一些建议和好的方案，让我们学到了怎么样才能更好地服务客户。所以我真的要好好感谢你。"这样说客户会觉得你很有思想境界。

"您好，真的谢谢你！你能来向我们投诉，说明你对我们没有彻底失望，你对我们还有信心，还愿意给我们机会，所以我要代表公司，代表同人和我自己向您表示深深的感谢。"

"您好，我要谢谢你！你虽然是向我们投诉，但是在无形当中是对我们服务的方式做了一次审视，又一次做了一个对照！如果你不告诉我们而直接不和我们合作了，我们不仅损失了顾客，还错过自我改进和自我完善的机会，错过了让我们又

一次成长、提升、进一步发挥的可能，我真地发现我们在很多方面完全可以做得更好，把不好的方面做一些修正，让像你一样支持我们的客户更加满意。"客户听到这种语言会感动，即使有气也会慢慢地消了。往往客户刚开始脾气越大、抱怨越多，而当你正确处理好他的投诉后，最后他对你的满意度和支持率就越高。

3.马上真诚地道歉

这是最有效的也是客户最想听到的声音。

"您好，真的对不起，由于我们的问题令你如此的不愉快，由于我们的问题给你带来了损失，由于我们的问题给你带来了麻烦，由于我们的问题令你有一些不太好的感觉，所以我发自内心地向你道歉，请你接受我这份真诚的歉意！"

"您好，真的对不起，我已经明白你说的意思，首先，请给我一次机会，让我代表我的公司。代表我的团队、我的下属和我的领导，代表我们的销售人员，代表我自己，向你表示深深的歉意！请你再给我们一次机会，我相信未来我会给你更好的回应。"

这是多么暖人心的话！这也是客户最喜欢听到的声音。虽然顾客投诉时心里很不舒服，但如果你这样处理了，客户的怨气,怒气就会消失很多。

4.立即重述并认同

沟通没有对与错,只是彼此表达的观点不同。我们在处理客户投诉时,目的是处理问题,而不是和客户争辩,看到底是谁对谁错。如果我们能够认识到这一点,那问题就好解决了。

当客户抱怨时,我们应该怎么办?正确的做法就是立刻把刚才客户向我们投诉的内容和问题重述一遍。重复一遍的目的是什么?我们重述客户问题的目的就是:第一点,让客户感觉到我们很重视他,我们在认真地听他讲话;第二点,再次与客户核对一遍我们的理解跟他说的是不是一致,我们的理解是不是有偏差,有偏差立刻消除,这样也会给客户带来一个很好的感觉,要不然会出现更大的麻烦。你可以说:"您好,你刚才是说在某某方面出现了问题,是吗?""你是说在某一点上给你带来了不便是吗?"

5.做出承诺,立刻改进

客户投诉的目的是希望我们能给他一个满意的答案,他们最想看到的就是我们做出的实际行动。所以,做出承诺,立刻改进,这一点非常重要。比如,你可以跟客户说:"您好,请你放心,我在这里向你庄重地承诺,我们会对你提出的问题,

对你提出的建议高度重视，同时我们会立刻做出处理，在三天之内给你一个准确的答复，给你一个满意的答案。"

当我们这样对客户做出保证后，就如同给客户吃了颗定心丸，这样他才会放心，才会觉得他的投诉得到了支持。只有让客户的心平下来，再让他放下心，后面的问题才比较好处理，才不会让投诉蔓延，让问题继续扩大下去，这样我们才能去争取最大的时间度寻找解决方案，为他解决问题，得到客户的再次认同。

6.遵循客户必要的建议

在处理投诉时，我们要尽量做到使客户重新认同和支持我们。怎样才能达到这一目的呢？只要我们的处理方案是采纳他的建议而能定的就能做到。因此你可以这样说："您好，请问你有什么样的想法，你有什么样的需要，有什么特别的要求，你可以告诉我，以便我们处理时可以做一个参考！"或者说："您好，在我们处理这个事情的过程当中，你有什么想法，有什么需要，有什么建议，你可以告诉我，我提前帮你做一个充分的考虑。"我们说这样的话，会使客户觉得受到了尊重，他就更容易接受，比较容易再次得到他的认可。

7.迅速改进并回应

## 第一章　服务是一种文化

大家知道处理投诉最大的两个禁忌是什么吗？我的体会是两个字：一个是"推"，一个叫作"拖"。

我们知道，拖延一项决定比做一项错误的决定可能会带来更大的损失，因此，处理投诉时，千万不能拖、更不能推。你越拖，他的抱怨就越大，问题就越扩大，后期处理的麻烦和难度就越增加；你越推他越会找你的麻烦，越跟你对立，问题就越大。

所以，面对客户投诉时千万不要说："这件事情不归我管……""这不是我的职责范围……""过几天再说吧……""负责人不在，他回来后你和他说吧……"等令客户不爽的话。在这时你可以说："对不起，这的确是我们的失误，我们会立刻改进，对于你的这个问题，我们可以为你做以下几种处理，你看看哪一种你比较满意……"你不但要这样说，还要迅速改进并给予及时的回应。改进得越快，回应得越早越好。

这样做会使投诉变成好事，可能客户以前对你很反感，现在变成对你很钦佩、认可和忠诚，而且他还会把对你的好感传播给周围的朋友。如果真能达到这样的处理结果，你的事迹将会成为对你公司的品牌和服务品质最具有宣传力度和客户见证力度的经典案例。

### 8.确认客户满意度

什么是确认客户满意度呢？就是当你处理完投诉，为客户解决完问题之后，可以给他打一个电话，发一个传真或者给他寄一封信，让他填张表格或者打电话确认一下："你对我们这次的处理结果还满意吗？假设满分是10分，你会给我打几分？如果你打10分，为什么打10分？请问李总，我们哪方面还可以做得更好？我们如何做才能让你更加满意？"如果你为客户解决完问题之后还在不断地为他着想，那效果是可以想象得到的。

你这样做了，顾客会觉得你真的是有始有终，你很注重他的感受，在乎他的建议，处处为他着想，他会以更大的支持来回报你的。

第二章

卖产品更是卖服务

第二章 卖产品更是卖服务

## 服务的观念很关键

"人的思想决定行为，行为决定结果。"一个人有什么样的思想，就将决定他有什么样的结果，而思想其实就是我们的一种观念。20世纪最伟大的心理学导师詹姆斯曾经说过："人类因改变观念从而改变整个人生和世界。"因此，正确的观念对做任何的事情都是非常非常重要的，包括我们做服务也是一样，只有拥有了正确的观念，我们才可能做正确的事情，最终才会拥有我们想要的结果。

下雨天，在一个寺庙里，有一只蜘蛛在蛛网上爬上爬下，那个网已经被刮破了，有好几个洞，那蜘蛛不停地上上下下，

想要补好它，可是实在是太破了，所以它不停地被摔下来，它接着再爬上去，如此反复了好久，它从未放弃。这时，庙里的三个小和尚看见了。第一个小和尚说："唉，我就像这只蜘蛛一样，一生默默无闻，最终也没有什么结果。"第二个小和尚说："唉，它怎么这么笨，为什么不找一个干燥的角落去休息一下呢？"第三个小和尚看后，被蜘蛛的那种坚持不懈的精神所深深感动，他说："哇，你们看，墙壁如此光滑，它还可以爬上去，摔下来，然后又爬上去，我相信它一定会修好那个属于它自己的网！"最后的结果是第三个和尚成为一代宗师。

各位朋友你有没有发现，第一个小和尚看到这只蜘蛛之后，不仅仅认为自己是这样，而且还一辈子都自暴自弃。第二个小和尚，他的生活方式就是安于现状，在自己的现状中活着，没有更高的目标，也没有什么追求。只有第三个小和尚有人生的追求和目标，有坚持到底的精神，所以，一定会获得巨大的成果。

今天我们面对客户也一样，可能会遇到一些不快和抱怨，这也同样需要我们有坚定的意志力、坚持的精神，同时，我们更需要一种使命感、责任感，需要用正确的服务观念和服务态度来赢得客户的支持。

第二章　卖产品更是卖服务

## 销售始终是在卖服务

汽车推销大王乔·吉拉德说:"我的成功在于做了其他推销员都没有做的事情,要知道真正的推销是在产品卖出去之后,而不是在售出之前。

"凡是购买过我汽车的顾客们都决不会忘记我,顾客从见到我那一刻开始就属于我的。因为我每个季度都要给客户寄去一张祝贺各种节日的精美明信片,单从表面上看这是我安排的推销策略,但我真的是以用户为重。

"我在哈佛大学演讲时说:'当顾客要求保修时,我竭力使他们满意;当用户有了抱怨时,我到他家中听取;当汽车有

了毛病时,我要像医生一样感到痛苦、着急。我不仅站在我出售的每一部车子后面,我同时也站在它们的前面.'

"所以买卖的完成不是赚钱的结束,而是赚大钱的开始;买卖的完成不是服务的结束,而是服务的开始。"

正如这样一句话:"每一次买卖的完成都是下一次业务真正推广的铺垫,是下一次合作一个非常有效的推广机会和空间?"

全球最大的超市沃尔玛,它一年有2500亿美元的销售额,而且业绩平均以15%的高速度增长。为什么会有这么高的业绩和增长率呢?这是因为它有一个很重要的秘诀,就是"三米微笑法则。"

什么是"三米微笑法则"?就是当顾客走入他的超级市场的时候,他们所有的员工都会在三米之外面带微笑,去欢迎顾客。所以,他的业绩自然就会持续不断地增长。

山姆·沃尔顿总裁上大学的时候,每当见到对面的同学,不管认识还是不认识,不管熟悉还是不熟悉,他都会热情地向对方点头、微笑、打招呼。

有一天,他们学校竞选学生会主席,他去参加竞选,没有想到他一上台,还没有发言,所有的人都开始热情地向他点头、微笑,给他一种鼓励的感觉。他演讲一结束,就当上了学

## 第二章　卖产品更是卖服务

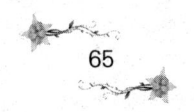

生会主席。

　　所以，当他开办公司以后，他把这个习惯应用到自己的公司，应用到自己的企业当中，他把每一次买卖的完成都当成下一次销售的开始，下一次服务的开始，他持续这样去做。我们很多的公司有很多的工作人员，在顾客来临的时候是蛮热情的，但当顾客买完东西以后，可能就不再那么热情了。

　　大家有没有想过一个问题，顾客买了东西之后，我们是不是要更加感谢他，是还是不是？我们应该比过去更热情，是还是不是？我们不仅要在顾客来临的时候向他打招呼，向他挥手，表示欢迎，而且当他们走的时候我们应更加热情地欢送他，并目送他很远，这样顾客的感觉会不会更好？

　　当然，大家不仅要三米微笑，一定还要目送三米。顾客走时我们用眼神送他，当他回头看一眼的时候，我们还在送他，当他回头再看一眼的时候，我们还是在送他，当他回头再看的时候，他可能会说："你们回去吧！"结果你又把他送一程，然后看见他依依惜别的样子。也许这个时候顾客内心会暗暗地告诉自己：这个服务品质太好，服务品质太棒了，下次我肯定会在这里继续消费。

## 每个人都是潜在客户

每一个人不是我们的准客户就是潜在客户？

往往每个客户的背后都有巨大的资源，可以推动你的合作，都是一片市场，都是我们人生的伙伴和财富的源头。因为任何行业其实都是做人际关系的行业。

我们要跟很多的朋友建立关系，选择一个人，往往他后面潜伏有一片巨大的市场。不管你今天是做化妆品的、做服装的、做餐饮的，还是做其他行业的，我可能是你的一个客户，然而我背后潜在着资源，如果把我的服务做好，就会形成一个巨大的市场。如果你带着这种观念去服务客户的时候，你就不

## 第二章 卖产品更是卖服务

会在乎一个月、两个月或三个月的得失，你可能得到未来三年、五年乃至更长久的合作与支持。

当然，背后巨大的资源愿不愿意贡献出来，跟你服务的品质是有很大关系的，最重要的就是看你愿不愿意把客户当成你终生的伙伴，愿不愿意当成一大片市场。当我们有这种观念，而且把这种观念深入到我们企业中每一位同仁潜意识的时候，贯彻到每个行为中，自然会产生巨大的绩效。

我们必须有一个非常重要的观念，就是不要把客户当成一时客户，而是把客户当成一生的合作伙伴，当成一片市场去培育、去服务，当大家用这样的心境去服务客户的时候，他们内心接收到的感觉是完全不一样的，是用任何的金钱都无法换来的。

把每一个客户当成终生的合作伙伴、当成一片市场的态度为他们付出、为他们用心服务的时候，他们就会真的变成一片市场。所以，希望大家好好对你的客户，想想你是怎么样来对待你的客户的，你是不是把你的客户当成人生的伙伴，当成财富的源头，当成一片市场，去培育、去交往、去开拓的？如果是这样的话，我相信你的观念不一样，你的行为不一样，最后你的结果也会不一样。

## 客户买的不仅是产品，还有服务

为什么说客户买走的不仅仅是产品，还有服务。

为什么顾客会买我们的产品，是因为他有这方面的需求，这一点也没错，关键在于现在任何的产品，竞争的对手都非常多，你这里有，其他地方也能买到一模一样的，并且说不定还能买到更低价格的，我们凭什么让顾客立刻能够下定决心与我们合作，产生购买愿望呢？

这是因为顾客看中的不仅仅是我们的产品，更是我们的服务，我们在与他合作的过程中给他带来的好感、信赖感这种别人无法替代的感觉。

## 第二章 卖产品更是卖服务

洲际大酒店倡导"提供品质最高的服务,创造顾客最好的享受",并且这样形象地教育服务人员:如果客户需要一把锤子,你却给他拿来了一把斧头,那客户一定会不满意;如果你能给客户一把方便耐用的锤子并免费赠送一盒钉子,那么相信你的客户一定会记住你,并极有可能会再次光顾你,因为你的服务已经发挥了作用。

在酒店俱乐部的会员资料中,每个人的家庭成员、兴趣爱好、工作性质都会被详细记录,他们在消费的过程中喜欢哪种饮食,喝咖啡还是果汁,喜欢住套房还是两人间,对门卫、洗衣员和侍从服务都有什么样的要求,他们都了如指掌。

每当客人带领家人或是朋友来到酒店度周末或是假日时,他们会针对不同会员的特点提供最适当的服务。俱乐部对每一个会员需要什么样的服务做到了提前掌握。正是基于这一点,这家酒店俱乐部的会员一直在不断增加,生意也越来越好。许多酒店在经营上都借鉴了洲际大酒店的做法。

松下电器创始人松下幸之助说过:"我的责任就是为公众提供卓越的产品与服务,丰富他们的生活乐趣,并给他们带去美好的感觉。如果我们公司的利润下降、收入减少,就说明我

们没有履行我们的社会责任。"

销售人员不仅要提供产品,更要提供产品以外给顾客带来的享受和感觉。如果你不能给顾客带来享受和感觉,那就意味着你应该离开公司。同时,任何一家公司,如果不能给顾客带来产品以外的享受和感宽,那就意味着你应该离开这个行业。

## 第二章　卖产品更是卖服务

### 客户的问题就是服务的主题和价值

　　1978年12月的一天，美国波音公司董事长威尔逊接到一个紧急电话，来电话的是意大利航空公司总裁诺狄奥，他说："意航一架DC9型飞机在地中海不幸失事，公司急需一架新飞机代替该机，如果贵公司能迅速派一架波音727型飞机来，那将不胜感激。"

　　此事颇令威尔逊先生费神。波音727客机属中型飞机，在国际市场上很受欢迎，按常规，订购一架该型号飞机至少需要等2年，迅速交货实非易事。

　　是灵活处理满足客户要求，还是一口回绝，少担风险？

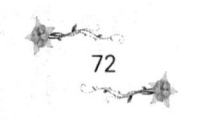

威尔逊立即召集公司高级职员研究此事。他们对波音公司供货表又作了一番审查，将客户的要求按轻重缓急重新做出安排。于是，在不损害其他客户利益的前提下，做出了同意意航的要求，一个月内交货的决定。意大利航空公司很快得到了新飞机，意航业务适营正常。

转眼间春去夏至。波音公司办公楼内，一份新的订货报告送到了董事长的办公桌。报告称，意大利航空公司为回报波音公司临危解难的义举，取消了同道格拉斯公司订购DC10飞机的原计划，转向波音公司订购9架波音747大型客机，成交额高达5.8亿美元。

这份巨额订货单，既没有经过强烈的讨价还价，艰苦的谈判，也没有花费任何促销支出。这是公司遵循"客户的问题是自己的问题"的原则，而为波音公司创造巨大价值的典型事例。

有一家专门的网站制作公司，有400多名员工，他们是一家做得非常顶尖的公司。他们每一次在跟别人谈合作的时候，首先不是谈自己公司有什么优势，公司有什么样的服务项目，公司能够提供什么样的产品，他们首先是发一张问卷调查表，

## 第二章　卖产品更是卖服务

问你希望透过这个网站解决什么问题，希望扩大哪方面的宣传，需要帮助你得到一种什么样的影响。当你把这个问卷调查表详细答出来之后，他们提供的产品，他的服务，他的品质，就更能够符合客户的需要。

客户的需要比公司的规定更重要。这家公司之所以有这么好的成果，有一个最重要的原因，就是不断地去收集客户的问题，了解客户到底有什么问题。

他们的成交率都比较高，公司的业绩就比较好。而这一切都缘于他在复制一个重要的观念："客户的问题就是我们工作的主题和价值。"所以客户的问题在哪里，我们的主题就在哪里。如果我们能够解决客户的问题，就会得到一种很好的回应，业务合作的可能性和后续力就会大大增加。

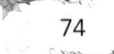

## 最好的销售是用心服务

很多销售员每天奔波在各大商场超市，想尽一切办法，想把货铺向市场，可是效果却不理想。

一个雨天的下午，有位老妇人走进斯坦福的一家百货公司，漫无目的地在公司内闲逛，很显然是一副不打算买东西的样子。大多数的售货员只对她瞧上一眼，然后就自顾自地忙着整理货架上的商品，以避免这位老太太去麻烦他们，但是其中一位年轻的男店员看到了她，立刻主动地跟她打招呼，很有礼貌地问她是否有需要他服务的地方。

这位老太太对他说："我什么也不需要。"即使如此，男

## 第二章 卖产品更是卖服务

店员一直表现出对她很欢迎，他主动和她聊天，以显示他确实欢迎她。

当她离去时，这个年轻人还陪她到街上，替她把伞撑开。这位老太太向这个年轻人要了一张名片，然后径自走开了。

后来，这位年轻人完全忘了这件事情。但是，有一天，他突然被公司老板叫到办公室去，老板向他出示一封信，是一位老太太写来的。这位老太太要求这家百货公司派一名销售员前往苏格兰，代表该公司接下一所豪华住宅的家装业务。

这位老太太就是美国钢铁大王卡内基的母亲，也就是这位年轻店员在几个月前很有礼貌地护送到街上的那位老太太。

在这封信中，卡内基夫人特别指定这个年轻人代表公司去接受这项工作。这项工作的交易金额十分巨大。这个年轻人如果不是以这种细致入微、铺心而非铺货的服务态度接待这位不想买东西的老太太，那么，他将永远不会获得这种销售的机会。

伟大的行销原则都包含在最普通的日常生活经验中，同样，真正的机会也经常藏匿在看来并不重要的用心服务中。

有这样一句话："铺心比铺货更重要，用心服务才是最好的销售。"我们一定要把每次为客户服务的机会，当成我们与

客户交心的机会,当成我们向客户铺心的机会,当你的服务、当你的心铺得越多、越广的时候,未来你市场上的产品才可能铺得越多、越广……

第二章　卖产品更是卖服务

## 好的服务是好的开始

"经营之神"松下幸之助有一次路过一个村庄,他发现一个人在偷一个农妇家的井水喝,被主人发现了,主人不但不怪罪这个小偷,还拿出碗来为这个人盛水喝,当这个人喝完一碗后,主人觉得他还没解渴,又为他盛了一碗。

当松下幸之助看到这一幕时,心里立刻产生一个联想:"假如我公司生产的产品就像这源源不断的泉水一样,不但不用别人去偷、不用别人去抢,而且能满足很多人的需求,同时又能让每个人都消费得起,那该多好啊!"

松下幸之助回到公司之后,立刻召开员工大会,他说:

"我们不是在生产电器,我们要生产水,我们要源源不断地生产像水一样可以让每个人都消费得起的产品。我们松下公司的使命是服务社会、贡献人群。"

于是从那时起,松下公司就带着这样的使命去经营。

后来有人问他说:"松下先生,你说松下公司不是为了赚钱,而是要服务社会、贡献人群,那你们为什么还赚了那么多钱呢?"

松下幸之助答道:"那是因为我们服务社会服务得好,贡献人群贡献得多,社会给我们一定的回报也是理所当然的喽!"

世界首富比尔·盖茨,他19岁离开哈佛大学,开始创立微软公司,三十几岁就成了亿万富翁。他为什么能取得如此巨大的成就?

那是因为他还在上大学的时候就看到了电脑未来的发展趋势以及给人类社会带来的帮助,于是就立下誓言:"我要让全世界人民都能享用软件的好处!"他就带着这样的使命领导微软前进,使之成为世界一流的公司。

世界500强之一的强生公司的使命是:"减轻病痛。"

## 第二章　卖产品更是卖服务

海尔公司的使命是："敬业报国，追求卓越。"

这些企业之所以能做得好，之所以能成为世界顶级的公司，之所以能服务那么多人、得到那么多人支持，那都是因为他们在为使命而服务。

所以，忘记利润，为使命而服务。当你真正地忘记利润的时候，并不等于你得不到利润。如果你忘记利润，把焦点集中于服务别人，你能将顾客服务得更好；服务的顾客更多、更有价值，未来的利润就会和你付出的服务成正比地向你涌来。

如果你没有赚到钱，是源于你服务的品质、服务的量以及你服务的心态还不够好，如果你服务的量够大，你服务的品质够好，你服务的态度够一流，那么你的利润自然也会更好。

## 培养亲和力

凡是在行业内成就卓著的成功人士都有一个共同点：能够迅速地与他人建立起良好的关系，并进行思想交流和情感沟通。这种能够快速赢得别人的好感和信赖感的能力就是亲和力的体现。

亲和力是人与人之间迅速建立起思想交流、情感沟通以及友好互动的重要能力。具有亲和力的人，往往更容易获得别人的好感，在别人的心中形成良好的、重要的、可信赖的形象，人们也乐于与之结交。亲和力是我们每一个客户服务人员都须具备的一种基本能力，它是我们与客户建立良好关系的纽带，非凡的亲和力会让你的事业业绩斐然。因为我们都知道，只有

## 第二章 卖产品更是卖服务

当客户接受你这个人的时候,他才会接受你的产品、你的公司以及你提供的服务。那么,我们应该从哪些方面来培养自己的这种能力呢?

1.寻找客户的爱好,顺利切入正题

怎样寻找客户的爱好,顺利切入正题呢?你有过这样的经历吗?见到客户时很长的时间,好像不知如何开口说话,你感到局促不安、精神紧张,好不容易开始和客户交谈了,又感觉到言语生硬、语调干涩。如果换成你是顾客,面对这样生硬的谈话,你会感到舒服吗?这就是缺乏亲和力的表现。

一个富有亲和力的客服人员从不会犯这样的错误。他们随时面对任何的客户,都会用热情友好的态度消除对方的紧张,用微笑和体贴化解客户的不安。在导入正题时,他们会显得非常自然,而且从来不会让客户有唐突的感觉。他们交流的过程,充满了人情味,充满了温馨感,总是会让客户充满快乐的感觉。他们的秘诀是什么呢?很重要的一点就是他们能在较短时间里寻找到客户爱好的话题,从而顺利切入正题。

心理学表明,人们总是乐于回答说"是"而不说"不"的问题。当我们提出一些能够让客户回答"是"的问题时,对方往往会觉得自己受到了尊重,并且乐于与我们交往;而如果我

们总是提出让对方回答"不"的问题,客户就会感到紧张,感觉受到了冒犯,从而产生厌倦、疲劳的感觉,在接下来的谈话中就会消极应对,进而关闭心门。

所以,要提高自己的亲和力,就必须具有让客户回答"是"的能力,而这种能力又依赖高度的洞察力。只有凭借高度的洞察力,找到与客户的共同点,才能提出让客户回答"是"的问题。比如说,"好可爱的小狗,是条名贵的西施犬吧?""是的。"因为事实如此,对方不得不这样回答。"毛色真好,洁白无比,你一定每天都给它洗澡吧?"对方能够感到你对她的关心,可能会非常高兴地回答:"是啊,这是我的一种喜好。"

总之,就是要找一些能够立刻引起对方共鸣的话题,然后再自然地切入正题。

2.运用客户喜欢的交流方式

很多客户服务人员认为,寻找客户爱好的话题并不容易,尤其是面对完全陌生的客户时更是如此。很多培训师和销售书籍中说,如果准客户领着孩子,那么与其交谈的突破口就在他的孩子身上;如果对方有宠物,那么就以宠物为突破口;开着车的人,可以和他聊聊车;正在健身的人,可以和他聊聊保养

## 第二章　卖产品更是卖服务

方面的问题。可是实际上，我们能够保证我们要见的客户一定带着孩子、带着宠物、在开车或者在健身吗？不一定！在见面之前我们对他们一无所知，在见面的瞬间他们可能在做各种事情，在这种情况下，我们如何去培养我们的亲和力呢？下面我就和各位朋友分享一下在与客户交流时应该注意的几点，相信对大家一定会有帮助。

（1）态度要温和。各位朋友，在和客户交流时首先要做的第一点就是态度要温和。很多客户服务人员认为只有严肃的表情、强硬的话语才能使自己显得专业、有权威，才能说服客户，事实上，表情刻板的客户服务人员往往会遭到客户的冷遇。严肃和强硬只会加剧客户的不愉快，使他们无法集中精力听你的讲解。要想给客户好的印象，客户服务人员必须态度温和，言辞亲切，给客户一种朋友和家人的感觉，这样，客户才会解除戒备，畅所欲言，才会吐露自己的真正需求和想法。

（2）注意握手的姿态和力度。和客户见面时，免不了会打招呼，握手问好。所以握手的姿态和力度也很重要。过远时伸手可能会让客户过久地等待；太近时伸手，又会让客户显得太突然，所以距离要适当把握。另外，轻柔的握手表达出来的是不感兴趣，或让客户有一种应付的感觉；如果太用力又会让

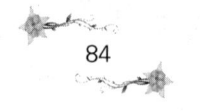

客户感觉到太强势，感觉也不是太好，所以握手力度要适中。还有，握手的同时双眼一定要看着客户的双眼，以示我们对他的尊重，这一点也非常重要。

（3）做到和客户话题语言同步。客服人员要想使自己在一开始谈话就给客户留下一个富有亲和力的形象，第一个方式就是可以快速地掌握顾客讲话喜爱用的一些"词汇""术语""口头语""流行语"，把握顾客的语言特点，然后用相似的语言与之沟通，这样就能产生很好的语言感召力。例如，如果顾客说"昨天皇家马德里与尤文图斯的比赛中，贝克汉姆的进球简直帅呆了"的话，我们就可以使用"十分酷""帅呆了""足球比赛""贝克汉姆"等符合客户语言特点的词语与之沟通，这样就使顾客感到你是与他站在同一感情线上的。要想保持语言同步，我们需要做到两点：一是保持共同的话题；二是使用共同或相似的用词、造句和表达方式。

（4）配合对方的感观方式。我们要知道，每个客户都是不尽相同的，这些差异性不仅表现在客户的喜好上，还表现在客户的感觉方式上。积极配合顾客的感观方式，能够与顾客建立亲密的关系，给顾客留下亲切的印象。例如，顾客非常注意自己孩子的一举一动，每当听到孩子的笑声，他就停下话来

微笑着注视他，这时如果你也停下谈论你的产品，对客户孩子的机灵或小花样送去赞赏的表情，会很容易让客户感到你的亲切。再比如，当孩子哭时，你像孩子的亲人一样紧张地跑过去，焦急地询问孩子哭泣的原因，同样会立刻提升你在客户心中的形象。也就是说，如果顾客的表情让你感到孩子很重要，那么你要同样地表达出孩子很重要的表情来。这种表情的同步，将促进交谈的融洽。共同的表情能够造成共同或相似的心境，从而使双方非常容易沟通。

（5）保持与客户状态同步。我想问一下亲爱的朋友，当一个陌生人与你在语言上保持一致、在感觉上也达成共识之后，你内心深处的陌生感、紧张感以及距离感是不是也随即消除了，而且亲切感油然而生？为什么呢？因为每个人都会对与自己有很多相同点的人产生莫名的亲切感。客户服务人员如果做到了这两点，那么服务自然就可以在一种非常友好、非常愉快的状态和氛围中开始了。但是光有好的开始是不够的，我们还必须使这种和谐融洽的氛围保持下去，继续维持自己的亲切形象，使客户感觉到超强的亲和力。而保持自己的状态与客户的状态一致便是保持良好氛围，使服务顺利进行的很重要的一点。

成功销售的法宝：良好的服务

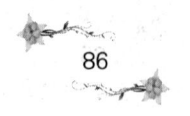

做到这一点其实也不难，只要你留心观察并模仿客户的行为，就可在状态上与客户保持一致，给他带来非常好的感觉。比如在交谈中，客户双手交叉时，你也可以双手交叉；客户向后背靠沙发时，你也可以向后背靠着沙发很放松的样子；客户身向前倾时，你也可以身体微微向前倾；当客户表现出情绪高涨，谈话中加上非常激动的手势时，你的语调也要相应地提高，同时使激动之情溢于言表。这样就能使你的言谈、举止、心境与顾客相似，从而达到状态同步了，客户就会有一种非常亲切的感觉。

（6）避免让客户感到不适和难堪。各位朋友，在和客户谈话的过程中，一定要竭力避免让客户感到不适和难堪。要尊重客户独特的生活方式，与众不同的行为方式，不打探客户隐私，对于女客户，不要问及其年龄、体重等问题。总之，要积极主动地替客户着想，尽量避免谈论让客户感到难堪的话题。

（7）记住客户的名字。戴尔·卡耐基是人际关系导师，他对个体行为以及自我发展的观察已经成为经典之作，在他著名的《怎样赢得朋友并感化别人》一书中，他提到了我自己多年来一直坚持不懈地要做到的一点：那就是要记住别人的名字，不管什么时候遇到别人都要叫出他们的名字。

## 第二章 卖产品更是卖服务

有这样一句话:"世界上最美妙的声音不是动听的音乐,而是从别人口中听到自己的名字。"这极有价值,特别是如果你的公司或企业拥有数以千计的顾客时,就更加如此,顾客会深深被此触动。名字对于任何一个人来说都是非常重要的,没有人喜欢和一个不尊重自己名字的人打交道。

所以,记住客户的名字,对于客户服务人员来说是非常重要的。如果你想迅速与客户建立关系,拉近与客户之间的距离,最好的办法就是能够叫出客户的名字。

其实,要记住客户的名字,并不像有些人所想的那样困难。有很多方法可以让你随时随地叫出客户的名字,不必为忘记客户的名字而尴尬不堪。

很多人之所以叫不出客户的名字就是因为在一开始时就没有搞清客户的真实姓名。所以,要想避免日后难堪,客户服务人员在与客户第一次接触时就应该弄清楚客户的名字。

当你见到一位陌生人时,首先要请教他的名字。在对方说出自己的名字时,要仔细听。如果没有听清,可以客气地问:"您能再重复一遍吗?"如果还不能确定,那就再来一遍:"不好意思,您能告诉我如何写吗?"不要以为对方会反感这种做法,当对方看到你对他的名字如此小心谨慎时,往往会感

到受到了尊重。

在交谈中反复不断地提到某人的名字，这样你就习惯于说出他的名字了。你的头脑经过了反复的锻炼，不久后就可以记住这个名字，你甚至都不用想，它就会自动浮现到你的脑海。而且在交谈中使用对方的名字，也会使你们的谈话显得很有个性色彩，使客户易于接受。即使你不确定客户的名字是否这样念，你也可以请教对方："某某先生，您的名字我念得对吗？"人们通常乐意在第一次接触时帮助你念对他的名字，但绝对不能允许你在以后的接触中念错他们的名字。

（8）记住与客户有关的重要日期。除了上面讲的记住客户姓名外，还有一个重要的方法就是记住与客户有关的重要日期。记住一些与客户有关的重要日期，不仅会让客户感觉到你的亲切，你对他朋友般的关心，还会让你的顾客觉得他们是特殊的而又很重要的人物。说到日期，我想最先映入你脑海之中的可能是诸如生日、结婚纪念日等这类的日期，记住这些日期的确颇有裨益，但还有许多其他的日期对你的现实合作影响可能会更为深远。

虽然有些里程碑式的日期管理起来确实会有些困难，但是只要你用心，把它们认真记录在软件程序中，它能让日常的管

## 第二章 卖产品更是卖服务

理工作变得更加容易，使你更加容易获得客户资源。

因为记住这些日期和纪念日对你的顾客会产生许多积极的影响。

第一，客户会深深感受到你的亲切，你的关注；

第二，这会让他们觉得自己很特别，认为他们自己是特别的顾客；

第三，这表明你对与他们做生意的机会足够重视，他们每次购物的时候，你所提供的服务当然也就很周到了；

第四，表明你把客户关系看作是一种长期性的关系。

当然，记住这些日期需要花费一定的时间，企业内部必须要有良好的组织形式。不过现在有相对来说比较便宜的电脑软件可供使用，你可以用它来管理重要的客户信息，提醒你特别的日子要到了。这些工作看似浪费了时间，实则不然，他会令你赢得巨大的客户源，不断提高业绩！

## 帮助客户解决问题

今天不管我们买什么产品，我们都买的是解决问题的方案；不管你卖任何产品和服务，也都是卖解决问题的方案。我们就要帮助客户解决问题，今天不管客户提出什么问题都是给我们机会体现服务的品质，客户没有问题怎么能够体现服务的品质，你的服务品质依然不会有很大的提高。

有一个电脑公司的销售员叫李海，他有一个非常好的销售习惯，那就是每次到客户家拜访时，都要做三件事：

（1）向客户介绍自己的产品；

（2）把写有自己名字和联系方式的标签贴在机器上；

## 第二章　卖产品更是卖服务

（3）和客户要三个人的联系方式。

自从做销售以来，李海一直保持着这个习惯。

有一次，李海像往常一样，敲开了一个客户的门，可令人意外的是女主人一听完他的自我介绍就不禁皱起了眉头，气愤地说："我前不久买过你们公司的电脑，可是自从我购买之后，你们的销售员就再也没有露面，机器有毛病了，打电话经常说忙，过几天就来看，但却一直见不到人。像你们公司这种服务，我还敢买你们的产品吗？"

李海听后完全明白了，自己今天遇到的恰好是公司同事的客户。在这种情况下，李海可以告诉客户公司的售后服务电话，向他说明是同事的工作不到位，回公司反映一下情况，然后就可以离开了。

但是有着极强责任心的李海并没有那么做，他总是想着要尽全力地去帮助客户解决问题，于是他主动对女主人说："大姐，您别生气，我来帮你看看到底有什么问题？"说完，就开始查看起电脑来，因为问题不大，一会儿就解决了。

一般来说，遇到这样的事情，客户不太可能再买这家公司

的产品了。但是李海还是热情地向她介绍公司的新产品，并把自己的名片贴到了电脑旁边。

那位大姐也知道这是李海同事的责任，当看到李海这么热心，对他的态度感到很满意，就买了李海带的一些小产品，同时还给了他三个好朋友的电话号码。后来那三个人有两个都成了李海的客户，同时又给他介绍了新的客户。

很多朋友只顾推销自己的产品，面对客户其他方面的问题漠不关心，所以客户对他们的支持率也很有限；而那些善于帮助客户解决任何问题的服务人员或销售人员，他们才能获得客户更大的青睐，当然也会得到客户更大的支持。

## 客户需求要满足

销售和服务不仅仅是给客户提供产品，最终是给客户提供解决问题的方案，满足客户的需求。

随着同行业竞争的加剧，客户的期望值发生变化，客户的需求不断增多，情绪容易波动。服务失误使抱怨升温，竞争对手的强势介入，销售人员有时有种腹背受敌的感觉，摆脱这种状况的最有效的方式，就是能迅速解决客户不断变化的需求。

有一次，卡耐基训练亚洲代表黑幼龙先生跟一位太太一起坐飞机，两个人沟通得非常愉快，所以每次这个女士上洗手间的时候都会跟黑幼龙先生说："你稍等，我一会儿就回来。"

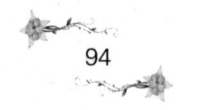

他去时，太太就说："你快去快回，我很急切地想跟你谈下面一个话题。"

最后下飞机时，女士评价："走遍全世界，发现黑幼龙先生是最会讲话的人！"

他讲了什么呢，可以让这位太太对他有如此有的评价？根据最后总结，她讲了四句话：第一句是"嗯"，第二句是"太棒了"，第三句叫做"哇"，第四句话叫做"还有呢"。就这么几句简单的话，却能让那位太太把他评价为是全世界最会说话的人，我觉得更准确地应该说他是全世界最会迅速给对方回应的人。

在我们和客户交谈时也不妨运用一下，相信一定也会给你带来不一样的感觉，给客户留下很好的印象。

当面对客户的需要时，我想，最佳的办法就是第一时间里以最快的速度解决客户的问题，响应客户的需求，这才是客户最想要的，而不是在那里找一大堆的理由和借口，去告诉客户你满足不了他需求的原因。当你在那里找理由和借口的时候，不但客户满意度在降低，同时后续合作的机会也会减少；相反，如果你能够迅速响应客户新的需求，假使客户事后知道你

## 第二章 卖产品更是卖服务

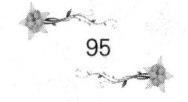

在为他服务的过程中遇到的困难而你却没有丝毫的怨言时,你以后得到的支持将比你想象得要多很多。

看看世界最大的超市沃尔玛是怎么做的,你就会明白它为什么是世界第一,为什么每年营业额超过2500亿美金,为什么这么高的营业额还能以15%的速度持续增长,为什么创办人去世了还能基业常青?

在为顾客服务方面,沃尔玛一再告诫自己的员工:"我们都是为顾客工作,你也许会想你是在为你的上司或经理工作,但事实他也和你一样。我们的公司谁是最大的老板?顾客!"有一次,一位顾客到沃尔玛商店寻找一种特殊的油漆,而沃尔玛商店没有这种商品。他们并没有一推了事,而是由油漆部门的经理亲自带这位顾客到对面的油漆店里购买,这使顾客和油漆行的老板都感恩不尽。让我们以友善、热情的态度来对待顾客,就像在家中招待客人一样招待他们,让他们感觉到我们一直在为满足他们的需要而努力。

山姆就是这样努力地为顾客着想,迅速满足顾客需求的。正如可口可乐公司董事长兼总裁罗伯特·戈泽塔先生所说:"山姆比其他人都清楚,企业的生存离不开顾客。因此他一直

## 成功销售的法宝：良好的服务

强调，零售业所有工作的中心和努力的方向都是满足顾客、令顾客满意。对于这个原则和信念，山姆始终贯彻如一。"

为了顾客，山姆可以任何方式，甚至是全美行业中都绝无仅有的方式，为公司服务，为股东服务，为员工服务，为社区服务，为顾客服务。

商品零售成功的秘诀是满足顾客的要求。事实上，如果从顾客的角度考虑，并不是一件易事，你要有多方面准备，比如：商品品种繁多、质量优良、价格低廉、提供满意保证、友善和在行的服务、方便的购物时间、免费停车场、愉快的购物环境、微笑、友好、热情等等。

这样，当你来到一家比你的期望更好的商店时，你就会喜欢它，而那些对顾客要求不理不睬或是不能让顾客感到愉快的购物环境是不会有人喜欢去光临的。所以，从这一刻开始，当客户有需要时，不管你有什么难度，请不要给自己找借口，全力以赴地迅速响应客户的需要。就这样坚持做下去，奇迹定会发生在你的身上。

第二章　卖产品更是卖服务

## 以客户为中心

杰里特是通路证券公司的老员工，在公司的创立初期立下了汗马功劳。可是在公司进入成熟期，稳步发展的时候，他却接到了公司高层的解聘书。

在杰里特看来，公司这种做法是小人手段，过河拆桥，见利忘义。接到解聘书的当天，杰里特就在办公室大吵大闹，陈述自己的功劳并恶意诽谤他的上司与公司董事。第二天，在公司的大门口的公示牌上，公司的总裁麦格·克劳尔留下了这样的话：

"亲爱的同事们、朋友们：

说实话，我并不愿看到杰里特不得不离开公司的结果，他曾是一位十分优秀的员工，一位可以共同面对困难的伙伴。他在公司成立初期为公司所做的一切是我们不能忘记的。但是现在，公司的业务蒸蒸日上，大家都看到了公司的进步，可是杰里特却没有与公司共同成长，他变得孤傲和自以为是，迟到早退是常有的事，经常不经上司的同意，自作主张，更不可原谅的是，因为他对客户的态度，公司已经损失了几个十分重要的客户。这一切，都对公司的成长不利，对公司造成了不良的影响。

一个企业在生存和发展的过程中，必然会出现整合、竞争、新旧更替，甚至是巨大的变革，只有这样，一个企业才可能真正发展壮大，我们不会因为人情或是其他什么东西，而影响客户对我们的评价，而做出任何对企业不利的事情。因为客户是我们企业的最大资产，也是企业得以存在的最大支柱。这一点，请各位同事铭记在心。"

各位朋友，当你读完这封信的时候，如果你是公司的领导者，你一定会赞同通路证券公司总裁的处理方式，如果你是类似杰里特这样的职员，你也会觉得这种处理方式是廉正的。你

## 第二章　卖产品更是卖服务

的服务意识有多少，就会得到多少回报。如果你一点都没有，或是一点也不肯付出，工作散漫，以自我为中心，而不是以客户为中心，甚至孤傲自大，那么领导者怎么会把这样一个"毫无服务意识"的员工留在企业里呢？更别说将他委以重任了，你说是吗？

下面是要和大家分享的几个以客户为中心的非常关键的方法，让你不至于成为上面描述的主人公。

1.满足客户的偏好

世界上找不出来两片一模一样的叶子，更不可能找得出来两个一模一样的人，每个人都有着各自的偏好。发现客户的偏好并投其所好，满足他们这个方面的需求，无疑能够让他们更加容易感到满足，让他们认为你是真正了解他的，知道他的需要的。

在人与人的交往之中，每一个人都渴望被对方所了解，被对方所重视。而知道对方的喜爱和偏好，并且在聊天、做事的时候从这些方面去着手，是很容易让对方感受到你是在注意他、关注他和尊重他的。

什么叫作满足客户的偏好？比如说今天我们到一个酒店去住宿，有的可能喜欢住高一点的楼层，有的喜欢住低一点的

楼层；有的人喜欢房间离电梯口近一点，有的喜欢房间离电梯远一点；有的喜欢窗户靠马路一边的，有的喜欢窗户不对着马路的……和我公司长期合作的酒店，服务都令我非常感动。比如说每次往大厅一坐，他们都会说姜老师房间已经预定好了，在什么房间，他们知道我讲课有一个习惯，比如说我在四楼演讲，我一般都住在五楼，我上下楼比较方便，休息和换衣服都比较方便；然而我不喜欢住在电梯口附近，喜欢住在比较偏的地方，这样设计课程不会被打扰，休息的时候没有任何的干扰；我喜欢窗外的视野比较宽阔一点儿，不要被建筑物挡住。当他们真正这样为我去安排、为我准备的时候，我觉得就做到了真正的在以客户为中心，这样就维系了我跟他们长期的合作。

2.从客户的角度看待公司的每一件事情

你真的是以客户为中心，就要从客户的角度去看待公司的每项活动。

比如说，在我西安公司举办的课程中，每场课程都会有一个学员自己选举、自己组织的班委会，作为同班学员的代表跟世华公司进行联络，觉得哪方面世华做得比较好，一起探讨怎么更好，哪方面做得不够好，需要做一些调整。每一个班的班

## 第二章　卖产品更是卖服务

委会相当于一个客户委员会，每个班选一个班长、副班长，然后有什么聚会、建议和沟通，可以跟我们保持交流和联络，这样的话在后续性的互动、合作方面更加有利于彼此相互支持。

所以建议读者朋友成立"客户委员会。"什么叫作客户委员会？就是可以邀请一些客户的代表，能够代表你的客户给你的公司提建议，能够提一些建议性的方案，使你能够采纳、或者做一些改变、或者做一些调整。

3.让客户知道我们能为他做什么，而不是不能做什么

我们不断向客户说明能为他做什么，还能为他做什么，如何能为他做得更好，而不是不能做什么。这样带给客户的感觉是不一样的。

企业与客户之间的关系就像是月亮和太阳之间的关系一样。太阳就是客户，消费和购买便是这个太阳的光芒，而月亮发光完全依赖于太阳的光芒，要使自己永恒，就必须时时刻刻围着太阳转。企业和公司之所以能够存活和发展便是因为我们受到了这颗太阳的普照。只有我们以客户为中心，客户才会给我们最好的回应。我们不仅要意识到这一点，还要做到这一点。

## 持续提供优质的服务

哈佛商学院的西奥多·莱文特认为,持续提供优质服务与建立长期关系是一码事。他这样说道:"销售仅仅是给恋爱画上了圆满的句号,而婚姻才刚刚开始。婚姻是否幸福,在于销售者如何经营关系。婚姻质量决定了将来到底是持续合作,还是无休止的纠纷,或是走向离婚。"

因此,持续提供优质服务是很重要的。公司必须重视持续的优质服务,把客户当成个体来看,充分地重视他们,关注他们。如果企业只求销售,而不考虑客户得到产品后的需求,就极易给客户造成一种印象——他们的存在对于企业来讲,只不过是多了一个账户,而并非有价值的个体,这样很难建立一种长期的友好合作关系。

看看乔·吉拉德是如何说如何做的吧!他曾经这样说过:"我成功的秘诀在于我认为真正的推销工作开始于商品推销出

## 第二章 卖产品更是卖服务

去以后,买主还没走出我们商店的大门,我的儿子已经把一封感谢信写好了,我每个月都要发出1.6万张明信片给我的客户,并且,无论他是不是买我的车,只要我和他有过接触,我都会让人们知道乔·吉拉德记得他们。我的这些卡片与垃圾邮件不同,它们充满爱。而我自己每天都在发出爱的信息!"正是靠着这种持续提供优质服务的精神,乔·吉拉德才有了那么多为人所注目的销售业绩。

有一位年轻人,他上过技工学校,做过钳工,对机械有着非常浓厚的兴趣并刻苦钻研。他不仅有着超人的研发能力,还有一种大胆的设想:制造以汽油为动力的机动车。他夜以继日、锲而不舍地研究,终于获得成功。并获得了此项成果的专利权。1962年,他的机械厂与另一位汽车工程师戈特利布·戴姆勒的工厂合并,成立"戴姆勒——奔驰汽车有限公司",简称为"奔驰公司",主要生产奔驰汽车。他就是奔驰的创始人卡马·本茨!他不但要让奔驰汽车尽善尽美,同时发誓也要奔驰的服务尽善尽美。他立志要使奔驰永远立于不败之地!他不仅在汽车方面不断改进,同时在销售方面采取新举措,在科研创新方面花费大本钱,终于使奔驰公司越办越红火,战胜强劲

对手，跻身于世界优秀汽车企业行列。他为什么会取得如此大的成功呢？

卡马·本茨将成功经验加以总结，提出了"绝无仅有的三服务"手段：

（1）保你满意的产前服务。

（2）时时为客户的全面售后服务。

（3）让产品永远处于领先地位的创新服务。

正是凭着这三服务使奔驰公司兴旺发达，取得了巨大的收益！

既然持续提供优质服务如此重要，那么我们应该怎样持续提供优质服务从而确保让客户满意呢？多数销售都不是在一次交谈后顾客就购买的，所以，如果你向顾客介绍完产品后，顾客微笑着对你说："太好了，我正需要这样的产品，请问多少钱？我能立刻使用它吗？"可以说，遇到这样的情况是你的幸运，其概率是很小的。大部分顾客决定购买都是多次交流后才产生的。所以，我们要发挥跟踪服务的优势。同时，要想稳住客户，使得对方成为长期客户，并且不断地重复购买，跟踪服务的优势也是不可忽略的。

美国专业营销人员协会和国家销售执行协会的调查显示：

## 第二章 卖产品更是卖服务

2%的销售是在第一次接洽后完成的；

3%的销售是在第二次跟踪后完成的；

5%的销售是在第三次跟踪后完成的；

10%的销售是在第四次跟踪后完成的；

80%的销售是在第四次至十一次跟踪后完成的。

所以，要做一个成功的销售人员或客户服务人员，必须学会持续提供优质的服务。

在这里我和各位分享我以前在做销售时经常使用的一些服务客户、维系客户关系非常有效的方法，希望能给各位带来一些启发：

（1）邀请客户参观公司并介绍给同事与上司；

（2）为客户安排一次特殊的产品展示；

（3）亲笔给客户写感谢信；

（4）在所有重要的节日里给客户寄贺卡；

（5）协助客户突破工作难题；

（6）在自己公司为客户提供专门的车位；

（7）给忠实的客户特殊折扣；

（8）用独特的个性化的方式为客户庆祝生日；

（9）替客户订阅一份他喜欢的杂志或送给他有价值的

书；

（10）陪客户加班或给客户做义工；

（11）邀请客户来你家聚餐；

（12）向客户提供其热衷的大会（如演讲会、演唱会、球赛等）的入场券；

（13）找个机会向客户的客户夸奖你的客户；

（14）送给客户一份你自己赢得或珍藏的礼物；

（15）为客户的公司提出合理的建议与措施；

（16）陪某个高层管理人员亲自拜访你的客户；

（17）让客户来为某些大型活动作为嘉宾致词和颁奖；

（18）在大会上、媒体上、产品包装上感谢客户。

在以上这些方法的基础上，你还可以进行创新，并根据自己和客户的情况尽量选择适合你自己的方法，相信这些方式一定会给客户留下非常深刻的印象，让你取得意想不到的收获。

当客户购买和消费之后，并不要将它当成是客户服务工作的结束，而是要将它看成是真正客户服务的开始。在这个时候，我们只要稍稍地做一点事情，便能够让客户感到他们在我们心目之中的位置。做一些什么事情呢？方法有很多也很简单，便是在客户产生消费和购买的时候，去了解他们自身的

一些情况，记住一些特殊的具有纪念意义的日子，如对方的生日。在节假日的时候，当然不会忘记问候了，平时发送一条短信或抽空给他们打一两个电话互相联络一下，比如提醒他特别重要节日的来临，给客户写感谢函，帮助客户去提升和进步，及时地送货等等。

持续地提供服务，不仅让客户对你印象深刻，还会带给你意外收获，让你慢慢积累下大批客户资源。同时要提醒各位朋友的是，这项服务工作也不要盲目地去做，要使用正确的策略，要注意时间的间隔不要太长也不要太短，间隔太短、过于频繁会使顾客厌烦，间隔太长会使顾客淡忘；每次服务时都要调整自己的心态，试着帮助客户解决他所关注的问题，了解客户最近在想什么，每次拜访前要找一个合适的理由等等，千万不要只想着成交，这样才能使工作顺利展开，同时也可以不断促成业绩的提高。

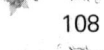

## 提供个性化服务

看看下面的小例子,它对各位一定会有很大的启发:

有很多男孩子花一千块钱追一个女孩子,一般的都是请她吃饭,然后下午买套衣服。而后还要到晚上再吃饭,再看电影。最后还是无法达成愿望,还是难以获得女孩的芳心。

如果换另外一种方式,成功概率就比较高。这个有效的方法就是等这个女孩子哪天过生日,或者对女孩比较重要的日子,或者非常开心的时刻,一千块钱全部买成玫瑰花布满整个房间,把她带到这个房间,她一看,左边、右边、前边、后边都是玫瑰花,那一刻,这个女孩子不是晕倒在你的鲜花丛中,就是晕倒在你的怀抱中。实际上他所说的一个方式就是体现了个性化。

比如说化妆品行业这几年发展很快,利润比较高。

为什么发展比较快?是因为化妆品公司都是给他的客户提

## 第二章 卖产品更是卖服务

供个性化服务，这些服务重点体现在第二产品。

什么叫作第二产品？很多做美容化妆品公司的学员，只要做他的代理商，不仅给提供产品，而且会提供一个培训的体系，会请我以及其他的一些老师给代理商上课、做培训，不仅给代理商产品，还给他们把产品卖出去的方法、能力以及策略。这种个性化的服务能够大大加大客户订购化妆品。

当然，在我们平时做服务过程当中，体现个性化服务最常用的一种方式就是送礼物给我们的客户，礼物有多种多样，客户的爱好也有多种多样，如何才能透过送礼的方式体现个性化呢？在这之前你要先问自己几个问题：

（1）送给谁？

（2）为什么要送？

（3）送什么？

（4）何时送？

（5）何地送？

（6）谁去送？

"我为什么送给他礼物？"你要知道其中的原因和理由。"我送什么？"不同的人对于礼物有不同的需要。比如给我送礼物，你如果送一点什么烟酒之类的或者其他什么东西，对

我来说可能记忆不会很深。你如果根据我的情况，根据我的职业，根据我的地位，根据我的爱好来送就会不一样。送礼的过程中注意几个要点：

1.要有视觉化、听觉化的冲击

什么叫作视觉化和听觉化的冲击？假设你要送给他一个特别好的礼物，而这个礼物一定要让他可以经常看到或者听到，比如你送给他一套演讲的光盘，或者说催眠的、放松的CD，或者激励的歌曲，每次放的时候，很喜欢这个音乐就会自然联想到你，从而产生好感，增加后续合作的维系。虽然这个人没有维系客户，但是可以透过CD、透过歌曲、透过演讲的光盘帮助你维系客户。

2.要根据他的爱好、职业、地位来确定礼物

比如，客户喜欢书法，你送给他一些字他就比较喜欢；客户喜欢学习，如果送给他一些关于演讲方面的书籍、光盘或者资料他肯定会看，即使他不看，但肯定会经常在他书柜的旁边，他站起来就有视觉的冲击。

3.你的礼品对客户来说是非常独特的，是他不太容易得到的，而又很想要的

如果是独特的，它就不太好有替代性；如果是不容易得到的，

## 第二章　卖产品更是卖服务

客户就会很珍惜；如果是他想要的，这样的东西他才会领情。

假设你的礼物是你的客户很想要的，他就会对你充满感激。假设你所送的礼物格外的珍惜，又格外的宝贵，他会对你充满感恩，那后面的合作谈起来就容易多了。

成功销售的法宝：良好的服务

## 诚实是销售的关键

"诚实就像绽开的玫瑰一样受到所有人的欢迎和喜爱，只有诚实的人才会立于不败之地。"这是《羊皮卷箴言》告诉我们的伟大真理。诚实是做人的根本，诚实是进步的阶梯，只有诚实，我们才能取信于人，只有诚实，我们才能立于不败之地。

世界第一推销大师乔·吉拉德说："任何一个头脑清醒的人都不会卖给顾客一辆六汽缸的车，而告诉对方他买的车有八个汽缸。顾客只要一掀开车盖，数数配电线，你就死定了。"因此，任何销售者都要绝对诚实，每一位顾客都希望自己的购买决策是正确的，都希望从交易中得到好处，而不是蒙受损

## 第二章 卖产品更是卖服务

失。如果顾客觉察到你为了销售在说谎,你在服务中故弄玄虚,出于对自己利益的保护,他会拒绝你的服务的。

所以,最重要的事情,就是对客户要像对自己一样真诚,并且就如同黑夜跟随白天那样的肯定,你不能再对其他人虚伪。

美国一位前总统,幼时呆头呆脑,傻里傻气。有好事者拿5美分与10美分硬币各一枚,让他拿,看他知不知道哪个多哪个少。结果他拿了5美分,于是关于他是傻子、白痴的传言四起。好多人以同样的心态去试他,结果他每次都拿5美分。他被认定为白痴。一位好心的妇人跟他做了这个游戏后,告诉他应该拿10美分。少年总统悄悄地告诉妇人:"如果我拿10美分,就没有人给我5美分了。"

不要把别人都当成傻瓜,你的谎言迟早都会被戳穿。当你留给别人不诚实可靠印象的时候,也就是成功的机会远离你的时候。做一个正直的人,别贪婪,去拿5美分而不是10美分,这样你会一直拿到5美分;如果你第一次拿了10美分,那你以后什么也拿不到了。著名诗人罗伯特·希朗尼说:"至善就是真实,真实不会伤害别人,更不会伤害讲它的人。"

乔治·亚当斯曾经说道:"最廉明优秀的推销总是诚实地

对待顾客，坦言其所有规章，告诉对方各种优劣点。"因此，在服务的过程中客户服务人员有义务让客户对产品形成一个客观的认识，必须客观地描述产品及服务——既不夸大优点，也不粉饰缺点。很多客户服务人员怕失去客户，在服务过程中只讲优点，不讲缺点，这是不明智的。因为一个产品不可能没缺点，回避缺点的做法只会引起客户的怀疑，认为你在撒谎。说出了产品的缺点，反而会令客户觉得你很诚恳。要知道，你讲出来的和客户在使用过程中发现了它的缺点感觉是不一样的：前者客户认为你是诚实的，而后者则会令客户有受欺骗的感觉。马克·吐温说："当你处在进退两难的境地时，就说出真话。真实是他们拥有的有价值的东西。"你唯有用事实说话，不夸大，不缩小，让对方觉得你是一个可以信赖的人，你才会获得成功。

吉列公司主要生产销售吉列刀片，他对外宣传："这种刀片最大的特点是锋利耐用，但缺点是容易生锈，唯有用后擦干保存，方能避免刀片生锈。吉列公司的坦诚宣传也博得了顾客的信任，人们争相购买这一揭短的产品。

诚实是什么？诚实是人生的第一要义，只有诚实做人和严守品行才会立于不败之地。一个诚实的人，不论他有多少缺

## 第二章 卖产品更是卖服务

点,你同他接触时,都会觉得神清气爽,这种人就一定会得到幸福。《圣经》上说:"你将明了事实,而事实将使你得到自由。"因为当你以诚待人的时候,别人对你也会以诚相见。在这样良性循环的人际关系中,对方得到的欢愉感自然会很强,从而也会更加喜爱你的产品。

## 对客户的怒气不要介意

20世纪最伟大的成功学导师拿破仑·希尔曾经说过:"人与人之间只有很小的差别,却因为这很小的差别造就了巨大的差别,这很小的差别就在于一个人的心态是积极的还是消极的,这巨大的差别就是成功与失败。"

所以,要成功必须心态积极,从正面的角度去定义和客户发生的每一件事。

有一个人要到部队去参军,临行前父亲告诉他:"孩子,到部队之后,如果打仗,这是正常的,没有打仗,这是你的福气;孩子,如果打仗,有两种情况,打胜仗或打败仗,打胜仗是你的福气，打败仗是正常的；打仗中，如果受伤了，是正常的，没有受伤是你的福气；孩子，受伤以后还有两种情况，一种是轻伤，一种是重伤，如果轻伤，是你的福气，如果重伤，是正常的；重伤之后还有两种情况，一种是可以治好的，一种是治不好的，可以治好是你的福气，治不好的也是正常的。所以，在你的人生中，永远只会发生两件事，一件叫福气，一件叫正常。"

所以，在你服务客户的过程中，也只会发生两件事情，客户对你好，是你的福气，客户对你不好，也是正常的。人生最重要的不是发生了什么事，而是发生了什么想法。

"潘长江把个子矮定义为'浓缩的是精品'；葛优把光头定义为'热闹的马路不长草，聪明的脑袋不长毛'；马云把自己定义为'长相与智慧成反比'。所以，最重要的永远不是发生了什么事，而是发生了什么想法。"

"人好刚，吾以柔胜之；人好术，吾以诚感之；人好气，吾以理服之，天下无难处之人。"

第三章

服务制胜

第三章　服务制胜

## 设计公司的服务流程

有一位年轻人到外地谋求发展,他来到一个城镇,在路口碰到一位当地的老人,于是他就问:"老人家,请问这个地方的人怎么样啊?"老人问他:"你刚离开的那个地方怎么样啊?"年轻人说:"我刚离开的那个地方一团糟,每个人都不友好、都很冷漠、都很自私,简直无法生活下去。"老人听完后对他说:"很遗憾,年轻人,这儿也一样。"年轻人听完后失望地离开了这个城镇,继续去寻找下一个地方。

不久以后,又有一个年轻人来到了这个城镇,在路口也遇到了这个老人,他同样向这个老人问道:"老人家,请问这个地方的人怎么样啊？"老人也问这个年轻人："你刚离开的那个地方怎么样啊？"年轻人高兴地说："哇，你说我刚离开的地方吗？那可真是个好地方，所有的人都很努力、都很勤劳、都很友好、都很热爱他们的家乡，那儿真的是让人很留恋。"老人听后也很高兴，他对这个年轻人说："年轻人，你可算来对了，这儿也像你说的一样美好，你也一定会喜欢这儿的。"

旁边的人对老人的这两种不同的回答感到奇怪，便问他："同样的问题，为什么你给予两个年轻人不同的答案呢？"老人回答道："一个人想要寻找什么便能得到什么！一个人想要别人如何对待他，首先他要学会如何对待别人。"

不论我们从事的什么行业，面对什么样的客户，而所有一切的答案都在于："你是如何去对待这一切的？你是否喜欢你的公司？你是否喜欢公司的产品？你是否喜欢你所从事的行业？你是否喜欢你的客户。

我们来做一个非常重要的小活动，虽然这个活动比较简单，但它能告诉我们作为客户服务人员应该以什么样的态度去面对客户，而作为我们"上帝"的客户又喜欢什么样的服务人员。为什么我要先讲这一点，因为各位朋友都明白"态度决定

## 第三章 服务制胜

一切",无论是做服务、做销售还是做其他任何的工作,都是如此。

再好的服务方法、再好的服务技巧,建立再完善的服务系统,然而我们的服务人员没有一个良好的服务态度、没有良好的服务观念,这所有的一切都是白费、不值一提!

既然如此,我希望大家用非常重视的态度来做下面这个活动。如果你是公司的老总、如果你是公司的领导者,你一定要组织公司所有的员工来参与这个活动。我相信各位一定会有深刻的感受和记忆,同时对公司所有同人的服务意识、服务态度也会有巨大的改变和提升。找身边的朋友或同事来配合做这个活动,每两个人分为一个小组,分别扮演不同的角色,你朋友扮演客户、你扮演服务人员,而且还可以角色互换来共同感受我们的客户平时的感受,接下来开始示范以下四种见面的情景:

第一种方式,就是你们两个人都非常非常地讨厌对方,当你们见面时,你们会以什么样的方式见面,你会有什么样的心情、有什么样的表情、什么样的神态?

第二种方式,就是你俩是一般的关系,你们见面时你是什么样的心情、什么样的表情、什么样的神态?你会主动和他打招呼吗?

第三种方式，你们是好久没有见面的老朋友，当你们见面时你又是什么样的心情、什么样的表情、什么样的神态，你会主动和他握手吗？你们会拥抱吗？你们会谈些什么呢？

第四种方式，他是一个对你支持非常大的老客户，过去对你和你的公司支持非常大，对你公司的生存和发展有很大的影响，他是你生命中的贵人，当你和他见面时，你又是什么样的心情、什么样的表情、什么样的神态？你会主动和他握手吗？你会主动和他拥抱吗？你会和他谈些什么？你最想向他表达什么？你会向他诉说你的感激之情吗？你会和他分享合作的感受吗？

当你这样做完之后，你问问你的朋友、你问问你的同事，当你用不同的心情、不同的表情、不同的方式和他面对时，他内心是一种什么感受？他内心有什么样的感觉？假使他是你的客户，他对你的哪种服务方式感觉比较好？他还希望你对他做什么样的交流？此时你已经有很深刻的感受了，你以为这样就可以做好服务了吗？还不够，此时你要和你的朋友角色互换，再演练一遍，你做一次客户，你亲自感受一下不同的方式给你所带来的不同感觉。使用不同的方式，你内心有什么不一样的变化？你希望别人用什么样的方式为你服务？用什么样的心情与你交谈？用什么样的语言来表示他对你的感谢？

## 第三章 服务制胜

最重要的是,我们每天都在做服务,服务我们的客户、服务我们的公司、服务我们的同事、服务我们的上司,同时,我们每天也在接受别人的服务,接受同事的服务,接受下属的服务,我们平时在服务的过程中,我们对待客户态度属于哪一种,是第一种、第二种,还是第三种、第四种?我们哪方面还做得不太好?哪方面还有极大的不足?哪方面还需要提升?哪方面还需要修正?……透过上面的这个活动,我相信大家已经体会到了客户喜欢什么样的服务态度?当我们拥有了良好的服务态度,就如同高楼大厦打好基础一样,现在我们就要开始去建造这幢大楼了。

被评为最佳酒店和最佳商务酒店的香港半岛大酒店,几乎天天爆满,不提前预定是没有空房的。它为什么能招揽如此之多的客人?下面跟各位分享一段他们是如何服务顾客的:

王先生经常出差去香港。第一次入住半岛酒店时,良好的环境和服务令他非常满意;当他第二次入住时,几个服务环节更令他印象深刻。

那天早上,当他走出房门准备去餐厅的时候,楼层的服务生恭敬地鞠躬行礼,问道:"王先生是要用早餐吗?"王先生

很奇怪，反问"你怎么知道我姓王？"服务生面带微笑地说："我们酒店规定，晚上要熟记服务客人的姓名。"

当王先生高兴地乘电梯下到餐厅所在的楼层，刚刚走出电梯门，餐厅的服务生恭敬地说："王先生，这边请。"王先生非常疑惑地问道："你怎么知道我姓王？"服务生回答："上面楼层的电话刚下来，说您已经下楼了。"

王先生刚走进餐厅，服务小姐微笑着问："王先生还要老位子吗？"王先生又惊又喜，心里纳闷："虽然我不是第一次在这里吃饭，但最近一次也有一年多了，难道这里的服务小姐记忆力那么好？"看到王先生惊讶的表情，服务小姐主动解释说："我刚刚看过电脑记录，您在去年的9月3日在靠近第一个窗口的位子上用的早餐。"王先生听后兴奋地说："老位子!老位子!"小姐接着问："老菜单？一盘色拉，一碗皮蛋瘦肉粥，一杯果汁？"王先生连说："谢谢，谢谢，老菜单，老菜单。"

上餐时餐厅送了一碟小菜，王先生就问："这是什么？"服务生后退两步说："这是我们酒店特有的某某小菜。"王先生问："你为什么要后退两步呢？"服务生回答："怕自己说话时口水不小心落在客人的食物上。"这一次早餐给王先生留下了深刻的印象。

后来,由于工作的原因,王先生有二年时间没有再去香港。然而,在王先生生日那天,他居然收到了一封半岛酒店人发来的生日贺卡,上面写着:"亲爱的王先生,您已经有两年没有来过我们这里了,我们全体同人都非常想念您,希望能再次见到您。今天是您的生日,祝您生日愉快。"王先生当时激动得热泪盈眶,暗下决心如果再去香港,绝不会到其他任何的酒店,一定要住在"半岛"。

透过这个案例发现它不是单纯的人为服务方式,而是有一套成形的服务流程。同样的服务流程,不同的服务人员,会取得雷同的服务效果。所以,设计一套有效的服务流程,让所有的工作人员对照执行,将会产生一个服务型的团队。

成功销售的法宝：良好的服务

## 微笑的艺术

微笑是一个简单的习惯，那为什么这么简单的一种习惯、一种品质排在第一位呢？因为它实在是太重要了。我认为，微笑是人际交往的通行证，微笑是最好的见面礼，微笑的本身就是动听的语言。可是我们很多朋友却很难做到。我想提醒大家注意的是，如果你只把这一点做好了，你的服务品质就会有巨大的改变，客户就会对你有很大的认可度和满意度。

夏目志郎是一位销售大师，他是一名中国人，后来去了日本发展，刚到日本时十分潦倒，他从身无分文、无处安身，到连续获得六次世界冠军推销员的荣衔，现在他拥有巨大的产

## 第三章　服务制胜

业。他是如何做到这一切的呢？

夏目志郎曾经在一本书中写道："拜访客户首先不要拜访客户的办公室，而要先去拜访客户的洗手间。"为什么要先拜访客户的洗手间？

有一次，夏目志郎约好去拜访一个客户，他到了客户的办公楼层，果然先拜访客户的洗手间。只见他到了洗手间之后，放下公文包，踢踢腿弯弯腰，然后就拿出双手，开始对着镜子不断地微笑，不断地用双手往上推自己的脸，而且还一边推一边说："笑得越来越灿烂啦！笑得越来越可爱啦！笑得越来越有影响力啦！笑得越来越有魅力啦！……"他就这样不断地一边激励自己，一边练习自己的微笑，这个过程中有很多的人曾从他的旁边经过他都毫不在意，不顾他人的存在，继续练习。

当他和客户约定的时间马上就要到了，便停下来看着镜子中的自己。当他觉得自己有一流的状态、有一流的热情、笑得最有魅力时，便拿起资料开始去敲客户办公室的门。当他敲开客户办公室的门时，客户好像正在等他，看到他进来，客户立刻站起来笑着对他说："你好，请问你是夏目志郎吗？"

他说:"是的。"

客户对他说道:"夏目志郎先生,你真是太棒了!你在电话里说的事情我决定合作了,我现在立刻跟你签单!"

哇,夏目志郎听到后吓了一大跳,他心想:"这位老板有没有搞错,我们还没见过面,我还没有对产品做任何的解说,没有做任何的沟通,你为什么愿意立刻和我合作,立刻签单呢?"

于是他说道:"某某先生,非常感谢你对我的支持,我还有更重要的内容和更详细的部分,在电话里可能跟你解释得不够清楚,我现在当面再为你解说一遍,你看好吗?"

客户说:"不用了,夏目志郎,我已经决定立刻跟你签单。"

夏目志郎说:"某某先生,你可能对产品的情况还不是十分了解,如果我现在和你签单是对你不负责任,你一定要了解清楚,你跟我签单才不会后悔。"

"我跟你签100%不会后悔的!"客户继续说道,"你知道我为什么要跟你签单吗?非常简单!刚才我去洗手间,看见你在那里练习微笑,我又连续去了四次,我不是去洗手间,就是去看你在干什么,而你每一次还是跟我第一次去洗手间一样地练

## 第三章 服务制胜

习微笑，你笑得太棒了，笑得太灿烂了，笑得太有魅力和感染力了。我曾经看过你写的一本书说，你在书中说拜访客户首先要拜访客户的洗手间，把自己的微笑练习到最佳状态，然后再去拜访客户，我发现你言行一致，我相信你所说的一切，所以我要减少跟你谈判的时间，增加跟你沟通、交流、学习的时间！所以我们立刻签单吧！"

透过这个故事各位一定有了很大的收获与启发，问问自己，是否能像夏目志郎这样专注地去练习我们的微笑？练习我们的表情？练习我们的声音？如果每位朋友也能这样去做，即使能做到夏目志郎先生的一半，你给客户带来的感受都是非同一般的。

另一位顶尖的推销大师，在日本被誉为"推销之神"的原一平，经过长期的苦练，他的笑已经到了炉火纯青的地步，而他笑的艺术，则被人赞誉为"价值百万美元的笑容"。他总结出面对准客户时，针对不同的情形，有不同的笑容，有38种笑法，他终于找到了世界上最美的笑容——婴儿的笑容。

## 经常问候你的客户

你要经常问候你的客户，不要忘记打个电话，不要忘记发一个信息，不要忘记发一个电子邮件等等。比如说，今天你的客户预计两个小时到家，在分别两个小时后，你可以打一个电话，问他是否平安到达，这样可以使他觉得很温馨，你很用心，你很重视他。人与人之间在很多的时候是互动的，最重要的是，我经常和我的学员讲，也和我的同人讲："人与人持续的关系源于经常做友好的互动。"

其实客户有时候不在意我们为他做了多少，不在意我们给他送多么珍贵的礼物，不在意我们请他吃多么好的饭，不在意

## 第三章　服务制胜

请他去做多少奢华的消费，有时候，仅仅是一句嘘寒问暖、体贴入微的问候，可能带给他的感觉就超过了一切，可能因为一句适当的问候，过去所有一切的不快都会抛诸脑后。所以，各位朋友，一定要持续不断地去问候客户，让对方在心中留下一个很深刻的印象，这种印象一经建立，就很难磨灭，并且在很大程度上会推动客户接受你的推荐。

## 有服务才有客户

当顾客流失的时候，不仅仅流失的是客户，流失的更是现金，流失的更是员工的信心。现在，顾客只要随便走进一家商场，大多情况下都可以从琳琅满目的货架上找到自己所需要的商品。如果，在这个时候，服务人员的态度过于冷漠，便会自然而然地让顾客的心中有那么一点儿不愉快，感受不到应该受到的尊重，原本想要消费和购买的念头都会因此而消失，转身离开，走进附近的另外一家商场，造成客户的自动流失。相反，如果你的服务态度非常好，那么会令顾客很舒服，怎么会不买你的产品呢？可能原本不想买你的产品，也被你的服务态

## 第三章　服务制胜

度感动转为购买了。

当顾客买了产品感觉很好时,顾客会说:"我用你们的产品太棒了,太好了。"那你就可以说:"你感觉我们的产品很棒,那如果你的朋友有类似的需要,你可不可以帮我介绍一下?"对方肯定说:"可以。""我太感谢你了,那待会儿我给你传个表过去,你帮我写一下,还是你方便的时候把他们的联络方式发一个短信到我的手机上?"或者"你看什么时间方便,我到贵公司去拜访你,顺带拿一下?"这些都是引发转介绍。

当你用虔诚的心表示感谢、持续地用心问候、提供产品以外的附加值,以独特的服务感动客户,不仅是巩固本次产品的销售,更铺垫了客户为你转介绍。

我们每一个人都知道,企业、商家的利润是产生在顾客的消费购买之上的。如果顾客都没有了,我们拥有的其他方面价值何在呢?这样一来便给企业带来了极其严重的后果:第一,造成了企业现金、资源的大量流失。第二,顾客到别的企业、商家购买和消费,无形中增强了它们的经济实力,壮大了竞争对手的力量。第三,随着现金、资源的流失和竞争对手的壮大,员工对自己和公司的信心也会大大降低。如此一来,又怎能保障企业在激烈竞争的市场环境之中取得良好的生存和发展

呢?所以,降低客户流失率对一个企业的发展起着至关重要的作用;而良好的客户服务是降低顾客流失率的一剂良药!

## 第三章　服务制胜

## 成交从服务开始

　　什么叫作减少不确定购买？比如说一个客户今天到A厂去看过产品后说准备要购买，然后明天到B厂去看过以后购买了B厂的同类产品，或者恰恰与前面所说的结果相反，都是顾客不确定购买的情形，如果能让顾客从不确定到确定性购买，等于我们就拥有了更多的客源。

　　怎样才算服务到位呢？比如说今天我们去买一件衬衣有两家店可供我们选择，第一家店和第二家店都可以买到同样款式、同样价格的衣服，然而第一家店服务好，第二家店的服务很不好。

结论出来了，我们买衬衣的时候都会首先想到去哪一家店？肯定是第一家店，对不对？不管是你，还是你的朋友顾客在做某一决定的时候，究竟是什么在做决定？请各位一定要记住：顾客是靠理性做分析，却是靠感性做决定的。

当服务人员提供热情服务的时候，一种气氛在不断地影响着顾客，让他感受到了极大的尊重和满足，情绪受到极大的感染，往往在这个时候，会很快地做出购买的决定。

大家可能经常会遇到种情况，一些顾客在购买产品的时候，开始的时候总是犹豫不决。可是，在经过服务人员一阵面带微笑、真心实意地关切之后，顾客往往就会决定购买了。

为什么会这样呢？其实原因很简单，这便是服务人员提供的热情服务帮助和促使顾客做出了购买决定。顾客受到了影响，做出了购买的决定。

乔·吉拉德曾经这样说过："企业80%的利润来自于20%老客户的重复购买。"的确，而良好的服务是促使客户不断重复购买的决定因素。在客户消费和购买的时候，你提供热情的服务，并且做好售后服务，让客户感到满意，这会在客户的心中留下很好的印象，从而让他们产生重复购买欲望，带来可观的经济效益。

## 第三章 服务制胜

因为每个人身上都具有趋利避害的本性,如果企业商家提供的服务令客户感到非常满意,那么客户在一次购买后,往往还会继续消费和购买,或者原本是三个月买一次,可能变成两个月买一次,甚至变成一个月买一次。因为每个人的大脑都是一台自动的摄像机,先前消费行为和接受服务的过程都会拍摄下来,在大脑储忆起来。这种储忆是正面或负面,决定了顾客有没有重复购买的热情,储忆的正面程度高低决定了重复购买频率的多少,只有提供最优质的服务,才能在客户脑海中建立最正面的储忆,而这无疑会增加客户重复购买的频率。

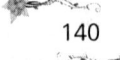

## 消除负面影响

世界上伟大的推销员乔·吉拉德讲过一个"250法则"。他说:"每个顾客的后面,大约都站着250个人,这是与他关系比较近的亲戚、朋友、同事、邻居、客户等,如果一个行销人员在年初的一个星期里见到50个顾客,其中只要有两个顾客对他的服务不太满意,由于连锁影响,到了年底的时候,就会有500个人都知道一件事:不要和这个业务员打交道。"这就是乔·吉拉德的"250法则"。

真的是这样吗?有相关专业的调查显示,一个愤愤不平的顾客所做的负面宣传比一个满意顾客所做的正面宣传要多20倍。

## 第三章 服务制胜

根据观察发现，顾客对商品或服务不满意，90%都不会向卖方直接抱怨，但他们会告诉至少10个以上的亲友这家公司或推销员有多么差劲，以此来消除内心的不满。

比如说一位顾客来了，你的服务态度很赖，很差劲，那么必定会令客户生气，他会将这种不满说给他的亲人朋友。因为人都是感性动物，他需要将心中的不快发泄出来，而这无疑扩大了公司的负面传播。

相反，如果服务人员提供了热情服务，那么客户必定会感到极大的温馨和快乐，情绪也会受到极大的感染，不仅不会产生负面传播，还往往会令顾客很快地做出购买的决定，提高你的业绩。所以说，亲爱的读者朋友，面对顾客我们要不要好好地为他们服务呢？相信你的回答是坚决肯定的。

不好的服务可能会带来很大的负面宣传，同时，好的服务也会带来巨大的正面传播。由于你的服务品质很好，客户也可以帮助你做正面的传播和推广，每个人都会有自己交际的圈子，多多少少都有几个熟人。当他们在某一商家或企业受到特别好的服务之后，必定会向他人说起，也不管他是有意的还是无意的，这些正面的信息无形中帮你做了宣传，提高了他周围所认识的人对你产品的购买兴趣与欲望，给企业商家带来了有

形和无形的很大收益，因为客户的正面传播比自我推广更具有说服力。

在现实生活之中我们往往可以看到这样一种情况，就是相隔不远销售同一种产品的商店。一家的门前车水马龙，另外一家是门可罗雀。还有的时候，有的人明明知道自己所居住的附近有一家商店能够买到所需要的东西，可是却宁愿多走几步到较远的一家去购买。

其实，两家的商品是同一品牌，价钱也几乎相同，可为什么人们会有这样的举动呢？原因很简单，只因附近那家商店所提供的服务不好，导致没有购物的心情，而较远那家商店的服务人员态度相当好，而且左邻右舍都是这样评价，无形中形成了统一的购买共识。因为第三者的见证胜过所有的自我宣传。

第三章　服务制胜

## 充满热情去服务

　　这个世界上没有谁能够拒绝一个热情的人。你看那些成功的人士，都是在人际互动中非常热情主动的人，一个满脸都是灿烂的笑容、无论见到谁都会大声而热情打招呼的人，他必定是一个深受大家欢迎的人物；相反，一个表情冷淡、脸上很少有笑容的人，一定是让人感到难以接触，感到在人与人之间设置了不便于交流的鸿沟，这样的人一定没有多少朋友，也很难在事业上获得巨大的成功。

　　有一位世界顶尖的推销训练大师，是全世界单年内销售最多房屋的地产业务员，平均每天卖一幢房子，三年内赚到3000

万美元，27岁就已成为千万富翁，被誉为"世界上最伟大的推销大师"，接受过他训练的学生在全球超过500万人，他就是汤姆·霍普金斯。

汤姆·霍普金斯是一个超级推销员，他有一个非常热情的能量传递给他的客户，他的客户都在帮助他介绍生意。

有一次发生了这样一件事情，有一个人买了一袋面粉，发现面粉袋里面有一张名片，上面写着汤姆·霍普金斯，他就非常生气，心想："怎么回事，面粉袋里怎么会有名片，这老板是怎么搞的？"然后就很生气地把名片扔了。

第二次把面粉买回来，打开一看，里面又有一张名片，上面写着汤姆·霍普金斯，这次他就更生气了，又把这张名片扔了。

谁知第三次把面粉买回来打开一看，里面还是有一张汤姆·霍普金斯的名片，他这次更生气，拿起这张名片把它"嚓、嚓、嚓"撕成了碎片扔掉，同时还狠狠地骂了一句。

当他第四次把面粉买回来以后，迫不及待地打开，他首先想的不是检查面粉的质量，而是想看看还有没有汤姆·霍普金斯的名片，他这次发现以后，不但没有扔掉，而且还很高兴，

## 第三章　服务制胜

为什么？因为他终于找到证据，可以去找面粉店的老板算账了！当他气冲冲地来到面粉店时，老板一看，好像有问题，于是就对他说："先生，你好，请问有什么问题吗？如果有我马上给你解决！"这个人就说："你到底是怎么回事，为什么这个面粉袋里面一而再再而三地出现汤姆·霍普金斯的名片？你给我一个解释。"

不提汤姆·霍普金斯还可以，面粉店的老板听到这个名字，立刻很兴奋地说："哇，你是说汤姆·霍普金斯吗？他是一个了不起的销售员，也是我的一个老客户，我也是他的客户，同时我们更是最好的朋友。

你知道吗？他是这个世界上我遇到的最具有热情、最具有感染力的人，今天你能来真是太棒了！你一定要认识他，他可以推动你的生命，让你的事业和家庭更美好……"

面粉店老板继续说："如果他不是这么一个了不起的人，如果他不是我最好的朋友，如果我不相信他可以帮助更多的朋友取得更大的成果，我怎么会在面粉袋里加上他的名片呢？所有只要是我介绍认识汤姆·霍普金斯的朋友，后来都对我说应

成功销售的法宝：良好的服务

该早点把汤姆·霍普金斯介绍给他们认识，他们从来都是因为我介绍他们认识了汤姆·霍普金斯而深深地感谢我。

所以，我觉得你是我的客户，我要感谢你，我要把最好的朋友介绍给你。"

汤姆·霍普金斯经常接到这样的电话："喂，你好，请问是汤姆·霍普金斯吗？我是在面粉袋里发现你的名片，听卖面粉的老板说你是一个很优秀的人，所以今天特意给你打电后，很想和你交个朋友，可以吗？"

很多人主动跟他约见，主动想和他交朋友，主动和他交流，当然，后来也是主动要跟他买卖房子了。这一切都是源于汤姆·霍普金斯无时无刻不在焕发着一种别人难以拒绝的热情，他将这种热情透过交流不断地传递到他的客户身上，当他面对客户一直都能保持着最佳的状态，当他这种热情被对方所接纳时，他所推销的任何产品，客户都会有极大的兴趣。

所以，我们一定要随时焕发出自己最大的热情面对客户，时刻记住：热情是服务的根本，而冷漠是背弃的开始。当我们用自我的热情去感染客户、影响客户、让客户感到满意、创造出良好的氛围时，一切问题都会迎刃而解的。

第三章 服务制胜

## 关注你的客户

什么是关注？关注就是发自内心地在乎对方，在乎客户的需要，在乎客户的爱好，在乎客户的兴趣，在乎客户的感受，在乎客户的忧虑，在乎客户的疑问，在乎客户喜欢的沟通方式，在乎客户所在乎的一切，即使是透过眼神、动作等任何肢体语言所传递出的任何信息……

大家都知道乔·吉拉德虽然是世界最伟大的推销员，但是他刚开始做推销的时候也没有超人的说服能力和服务能力。

有一次他好不容易跟一个顾客进行沟通，顾客最后已经接受了他的推荐，都准备掏钱签单了。但乔·吉拉德突然发现顾

客又把掏出来的钱放回了口袋里面,并托辞离开了他的卖场。

假设你是一个销售人员,顾客掏了10万块钱出来,然而准备付钱的时候又把10万块钱装进去了,告诉你还没有考虑好,还要再考虑一下,就离开了。这时你会不会很痛苦?我想不但会很痛苦,你心里可能还想:"你还不如不掏钱呢。"看着客户掏了钱要签单,然后又把钱放回了口袋,走掉了,这是很难受的一刻。

乔·吉拉德非常痛苦,同时又非常疑惑,他想:"一定是什么地方出了问题?我一定要搞清楚。"于是,他当天晚上就给那个客户打电话,他说:"亲爱的太太,实际上今天打电话并不是请求你再次购买我的汽车,而是真诚地向你表示歉意。同时我相信,一定是我什么地方做得不够好,让你不够满意?是这样吗?如果我什么地方做得不够好,哪里做得不对、令你不满意,使你要跟我合作的刹那间改变了决定而没有跟我合作,我请你告诉我。你把我做得不好的地方告诉我,比买我一辆汽车更有价值、更有意义、更有帮助、更让我感谢。"

当他说完这些后,这位太太就说:"乔·吉拉德,你知道

## 第三章　服务制胜

吗？当我准备付款买你汽车的时候，我告诉你我的孩子在某某大学上学，我的孩子有多么棒，我的孩子有多么优秀，我希望孩子以后多么了不起，我希望买一辆车作为礼物送给他。但当我说这一切的时候，你知道吗？我发现你没有关注我谈我儿子那份高兴的心情，你没有关注我说了什么话，你两只眼睛都关注我掏的钱，所以我改变决定了。"

她还说："乔·吉拉德，我还要告诉你，我已经在另外的一个车市买车了，因为另外一个车市的销售员愿意关注我的孩子，愿意听我讲我的孩子，所以我已经跟他合作了，我不会再买你的车了。"

这件事情，给乔·吉拉德留下了深刻的记忆，他深深地感受到客户那份渴望被关注、被关心的心情。于是，类似的事情再也没有发生过。可是，后来却发生了很多很多其他令人非常感动的事情。

有一次，有一个中年的太太在乔·吉拉德汽车卖场的门口坐下来，乔·卡拉德看到后，便走上前去，热情地微笑着说："亲爱的太太，有什么我可以帮你的吗？"

这位太太冷冷地说:"不。"

乔·吉拉德又热情地说:"亲爱的太太,有什么我可以为你服务的吗?"

她还是冷冷地说道:"不。"

乔·吉拉德说:"亲爱的太太,你坐在外面不太舒服,还是到里面给你安排一个地方坐下来吧?"

那位太太还是冷冷地说:"不用了。"

乔·吉拉德依然热情地说:"亲爱的太太,那么我给你倒一杯咖啡好吗?"

这位太太开始大声地说:"不……不……不。乔·吉拉德,请你不要再费心思了,我不会买你汽车的,因为我已经在另外一个卖场买车了,所以你不要浪费自己的时间了。"

乔·吉拉德听了这些后,并没有降低对她热情和关注,依然很关心地说:"那恭喜你,太太。不过,即使你在其他超市买车我依然可以帮你服务,可以帮你参考,可以帮你砍价,可以帮你做顾问啊。"

这位太太又说:"也不用了,我在等一个朋友,他一会儿

## 第三章　服务制胜

过来和我一起到另外一个卖场提车。今天是我的生日，我要开着我的新车跟我的孩子们一起过生日聚会了。"

乔·吉拉德听后对她说："太太，请你等我五分钟，我去办一个事情，很快就会回来！"几分钟后，乔·吉拉德回来继续跟这位太太交流，当然这位太太态度依然不是很友好。

又过了一会儿，走过来了一个非常漂亮的女孩子，手里拿着一束鲜花，走上前来递给这位太太说："亲爱的太太，这个鲜花是送给你的，祝你生日快乐！"

只见上面还有一个非常漂亮的小卡片，卡片上写着："祝你生日快乐，乔·吉拉德。"在这一刻，这位太太显得非常地感动，泪水都快要流出来了。

她说："乔·吉拉德，今天你是第一个送给我鲜花的人，太感谢你了。我对你却一直是那么的冷漠，跟你对我比起来我的表现真是太差劲了。"

她接着又说："乔·吉拉德，你知道吗？今天是我的生日，我打算买一辆新车送给自己，你知道我为什么要买另外一家的车吗？当我向他的销售员提出要看一下车时，他看我好像

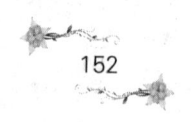

没有钱，他看不起我，借故有其他的事情离开了。所以我当时就决定要买一辆车，我就是证明给他看，我买得起他们的车，在我开着他们的车离开的时候，我用同样看不起他的眼神，看着那个销售员，我要告诉他，我是买得起汽车的，他看错了。不过乔·吉拉德，我现在改变决定了，改变决定了，我决定买你的汽车。"

这位太太不但成了乔·吉拉德终生的客户，后来又为他介绍了很多的客户。虽然这些只是很小的举动，但这给客户带来的感觉真是太重要了。

所以，要想做好服务的工作，让客户满意，一定要用心关注我们的客户。

## 第三章　服务制胜

## 服务从喜欢开始

阿基勃特在刚刚进入标准石油公司时是一个默默无闻的小职员，可是他有一个习惯，就是无论到哪里，每当需要他签名的时候，都会在名字的下方写下"每桶5美元的标准石油"的字样，出差住旅馆登记、费用签单甚至是书信都是如此。他因此也被同事们戏称"每桶5美元"，久而久之，他的真名几乎被人遗忘了。

洛克菲勒知道了这件事之后很吃惊，说："这名职员做的这种在常人眼中的小事，却给公司做了极大的宣传。"于是，洛克菲勒邀请阿基勃特共进晚餐。后来，洛克菲勒卸任后，阿

**基勃特成了第二任董事长。**

阿基勃特之所以有这样的结果,我认为只有一个原因:那就是对公司和产品用心喜欢,已经变成了他生命的一部分。当然,要想取得成功,就要把这种内在的喜欢转化到客户的服务中,由内到外地转移到客户的心中。当你真心去喜欢你的客户的时候,你的客户会每时每刻都感受到你对他的这种感觉。而喜欢客户要注意三个最重要的原则,大家一定要把握好:

(1)用心;

(2)具体;

(3)适度。

什么叫作用心?"以心感人人心归,用心为客客心留。"

什么叫作具体?具体是很重要的。

A:"你最近在哪啊?我想见见你!"

B:"你见我有什么事情吗?"

A:"也没有什么事情。"

B:"那为什么想见我啊?"

A:"我见你只有一个目的,就是喜欢你的微笑和热情,所以希望我跟你见面从你身上感受到热情和阳光,感受到一种力量。"

第三章　服务制胜

A每次打电话都是重复持续地跟B讲这一点，A说就喜欢B的微笑和热情。所以B就会对A的印象特别深刻。

通过以上的对话，大家有没有发现一个很重要的因素，当A具体地一次又一次这样重复讲的时候，会拉近B跟A的距离，以及加深B对A的好感。所以赞美别人五个优点，不如重复五次赞美别人一个优点给人带来的印象深刻。

什么叫适度？适度就是你的赞美既不能过高也不能过低。当然，别人听了也知道你是在赞美，但至少觉得高度还是够的。但是你要说："你喜欢的地方要很适度，不能过低，也不能过高。"

## 宽容客户的恶劣态度

客户掏钱买了我们的产品，总觉得自己是上帝，有时候对我们的态度和交流的方式不是很友好。

当我们遇到这种情况的时候，我们要宽容一点。你就想："上帝安排客户来免费为你修炼宽容这门功课。"如果你这样去想，心里就平和了很多。

当客户对我们脾气不好，态度不好，对我们说话的方式不太好，对我们很多的工作不了解，对我们产生一些抱怨时，我们要想：这所有的一切都会让我们的胸怀修炼得更博大、更宽容、更能够接纳和理解别人。

## 第三章　服务制胜

当我们透过客户配合修炼得更具有博大宽容的胸怀了,那我们未来就有了做更大的事情的可能。拥有一个博大的胸怀,不管在同事关系处理上,还是人际关系的交往中都会有很大帮助。

华为公司的总裁任正非,在中国二十一位最具影响力的企业家中排名第五位,他一直在华为公司中倡导狼的精神、狼的文化,那种"勇猛嗜血、寒天出洞、成群结队、生死共存、荣辱与共、绝不掉队"的精神,让他创造这么一个了不起的企业,成为这个行业中世界一流的设备供应商。

所以,客户不管怎么对我们不友好,我们都要宽容对待。当我们宽容对待客户的时候,可能有一天他会感到内疚,可能有一天会因此主动大量地重复购买我们的产品去消除他的内疚,他认为只有重复购买,才对得起你。让我们拥有一个博大的心胸,未来才可能成就更大的事业。

## 服务始于爱

乔·吉拉德分享了一个他自己认为最最重要的服务理念,他说:"销售是什么?我认为销售就是服务;服务是什么?服务就是爱。"

一位古罗马的诗人曾经说过:"付出你的爱吧,让它生根、成长,这样你才能收获果实啊!"当你付出爱的时候,每当顾客笑容满面地离去时,无形中都为企业的每一位服务者注入了更完美的强心剂,是对服务价值最大的肯定与鼓励,这是比金子还宝贵的力量,比钻石还珍惜的财富。

世界五百强八佰伴集团虽然现在破产了,可他的总裁和田

## 第三章　服务制胜

一夫,自1962年担任八佰伴总经理以来,始终坚守一个"爱"字,以"爱"去从事所有的商业活动,至1997年办成了分布16个国家拥有461个企业,年收入达5000亿元的国际知名企业。

他对服务的理解是这样的:"我觉得最重要的是能否厚爱顾客。""如果心里总是装着顾客,就会明白应该怎样对待顾客。但是,如果光谋私利,只顾赚钱,便走到了顾客所期待的反面。你能真正做到想顾客所想,便会知道顾客的要求,便会想方设法给予满足。其结果不仅有利于顾客,同样也有利于自己。"

受母亲影响,和田一夫自小就信奉"生长之家",从中受到了无穷的爱的启迪。

从此,对人类的融融爱心与商业活动中的诚意,便成为他精神世界的主旋律。他善待职员与顾客,与职员谈心,一直是他投入很大热情的一项工作。一些重大的决策,都要采取民主的方式,广泛征求职员意见,进行多层次思想工作,然后作出决定。

在八佰伴内部,他提出"彼此既是同事又是朋友"的口

号。八佰伴的职员无论过去如何对立，只要一进入八佰伴，就在企业的教育下，前嫌冰释，成为同事和朋友。所以，八佰伴每日的晨会上，不同种族、不同宗教信仰的职员手拉手，高呼"今天也加油干吧!"成为极感人的场景。

待顾客以爱心，更是八佰伴一贯的传统。为顾客提供质优价廉的商品，宾至如归的服务，一直是和田一夫孜孜以求的目标。在飓风刮过，市场上菜价上扬5~10倍时，和田一夫却将自己用生命换回的一车蔬菜仍以平时的菜价卖出。

当八佰伴遍布环宇时，他俩没忘记父亲"买10元钱东西也是贵客"的主张，始终待客以诚，从不牟取暴利、以次充好，其风范堪称"仁商"。

在经营方式上，和田一夫历来坚持正当的商业行为。他在回答记者提问时胸怀坦荡，毫不掩饰地说："八佰伴没有用过一分钱进行贿赂!正确的商业道德不允许使用这样的钱!经济哲学告诉我们，良辰美景是取得成功的关键。"

缘于爱心和诚意，和田一夫常常思考分享幸福的问题，他有自己独特的幸福观。他引用立石电机企业的老板立石一真的

## 第三章 服务制胜

话说:"虽然追求幸福是每个人的权利,不过,如果你自私而不为亲戚朋友和大众着想,幸福就不会降临到你的头上来。"

和田一夫很赞成他对幸福的理解,他也记住了这位大企业家对后辈和职员常说的话:"愈能为别人着想的人,他愈是个享受幸福的人。"因而,和田一夫制定的八佰伴的目标是造福大众,后来他又把"为人类作贡献"写入八佰伴集团的宣言中。这种无一不诠释着"销售就是服务,服务就是爱"的精义,展观了企业十分高尚的精神境界!

销售就是服务,服务就是爱。如果我们把这个观念付诸实践,不断地进行推广,落实到团队中的每一个同人,让他们能够拥有这样的观念,去服务我们的客户,你觉得客户的满意度会提高吗?你觉得客户的忠诚度会提升吗?你觉得客户会带动或帮助你介绍客源吗?如果拿回去使用,假设重复使用一年,能够帮助你的团队增长多少业绩?假设重复使用五年、十年,又能够帮助你的团队增长多少业绩?

## 个人形象是服务的关键

大家知道人与人的交往接触，最先是从什么地方开始去了解和认识对方的呢？从外在形象了解一个人，是人们惯有的视觉模式。通常，人们都是从对方的外在形象、从对方的仪表和服饰以及给人的第一印象来了解一个人、认识一个人、判断一个人的。

一个不修边幅的人，很容易让人觉得他很大意、随便，甚至会认为他很懒散。一个人的外在形象直接影响到他是否被别人认可和接受，同时这也是他自身素质和涵养的外在体现。

莎士比亚曾说过一句话："服饰往往可以表现一个人的人

格。"外在形象也就是仪表，是我们展现给客户的第一感官形式。整齐的服饰、得体的衣着，不仅让你信心倍增，更会给客户留下较深刻的印象，提升客户对你本人及公司的好感和信赖感。

因此，我们必须注重自我外在形象的塑造，要想取得事业的成功，一定要注重自我的外在形象。因为没有人给你第二次机会制造第一印象。在职场上，你的外在形象不仅是你素质和涵养的一种体现，更代表了你所在企业的形象，这不仅是客户服务人员应该具备的最起码的素质，也是从事每一个行业的人都必须注意的。

1.良好的形象可以增加客户的信赖感

我们仪表及外在形象真的是重要。我们要知道，客户接受我们的产品和服务是从认可和接受我们客户服务人员开始的，得体的仪表和令人感觉舒服的外在形象不仅会给客户带来一种好感，最重要的是他能给客户一种信赖感，这才是影响客户做决定的重要因素。

2.良好的形象也是在满足客户的需求

为什么说服务人员的形象也是在满足客户的需求呢？我们抛开客户的心理，以一种最为平常的心态去看待一件事情。举个不是很恰当的例子，在我们的面前摆放着一束鲜花和一束狗

尾巴草，让我们去选择。你会选择什么呢？大部分人又会选择什么呢？我想大部分人都会拿起漂亮美丽的鲜花。

因为无论是谁都喜欢美的东西，在人们的心目中都对美的事物有一种需求。同样，我们所面对的客户也有着审美的需求。我们之所以为客户提供服务，不就是为了能够满足他们的某种需求，建立起他们的满意度和忠诚度吗？因此，保持我们良好的外在形象，可以说同样是为客户提供服务的内容。

我们以一个美好的形象站在对方的面前，与对方交流沟通，不正是满足了他们的审美需求吗？他们又怎么会不愿意听我们介绍产品和接受我们所提供的服务呢？当然，在这里我所讲的美并不是强调要穿得多么引人注目，多么华丽。要知道，穿着得体、大方、和谐是最美的，也是最令人感觉舒服和亲切的。

3.良好的外在形象也是对客户的尊重

良好的外在形象也是一个服务人员对客户表示尊重的一部分。我们每个人都希望受到别人的尊重。穿着打扮和仪表的修饰是否整洁，同样传递着一种是否对他人尊重的信息。

比如，你走进一家餐厅，一个衣着凌乱的服务员过来招待你，你第一感觉会是这家餐厅的饭菜好吗？你会觉得饭菜卫生

## 第三章 服务制胜

吗?

当你知道要和一个极其重要的人见面,并且对方是你一直欣赏和崇拜的对象,当你在前去和他见面时,你是不是会修饰一下自己的仪表,考虑穿什么样的衣服才合适呢?你会不会担心自己的穿着打扮会有所失礼,而让对方感到你对于他不够重视和尊重呢?我想你一定会!

当你第一次和你心爱的人约会,第一次去见对方家长时,你是不是非常在意自己的仪表呢?你可能在几天前就开始准备穿什么样的衣服,理个什么样的发型,穿什么样的鞋子了。

所以,保持自身良好的外在形象,不仅是出于对对方的一种礼貌,同样也是对对方的一种尊重。如果在我们的心里没有装着客户的话,客户又怎么会用心接纳我们呢?

### 4.良好的形象能让客户了解你所扮演的角色

保持自我良好的外在形象,给客户一种良好的职业形象,可以说是走近客户为他们提供优质服务的开始。可是,怎样的形象才是最适合自我的呢?

在我们的工作之中,我们所做的一切都是围绕着客户所开展的,我们的一切都是对方所给予的。从某种程度上来说,客户始终会将自己放在比我们高的位置。所以,我们包装自我形象的时

候，一定要注意这一点，千万不要像小张那样，给对方一种那样的感觉。在自我形象包装上，一定要考虑到这一因素。

第三章　服务制胜

## 关注服务的细节

要想赢得客户的青睐，关注细节势在必行，成功是源于细节的修炼，大结果是小过程的积累，通过注重服务细节可以提高公司总体的客户服务水平，加深公司在客户心中的印象。

饭店大王希尔顿说："任何情形下，都不要欺骗任何人，说话要算话。这点绝不能违背。"而他也确实如己所说，以实际行动实践自己的誓言。

他在经营旅馆方面坚持一个原则，那就是"我所有的旅馆都必须是第一流的"。

他曾说："我要客人走进来，见到的是一间好房间，一间清

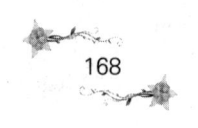

洁的浴室。因此我必须坚持这点。""我发觉,当你走进我的旅馆,我提供给你的设施和服务令你满意时,你就不会抱怨我收你多少钱了。但是,如果我给你的地毯又旧又破,你一定不会喜欢的,你会感到不高兴。"正因为如此,在希尔顿经营酒店的过程中,他一再强调必须坚持最基本的原则,那就是诚实。

因为诚实使得希尔顿在困难时期拥有了一个人们公认的好口碑,并使他进入了事业的辉煌时期。

很多时候,客户是凭一些小问题、一些细节来给我们的服务品质打分的,来给我们的公司形象打分的,即使我们曾经做了很多,但往往会因为我们的某件小事没做好,某个细节不到位而影响了客户对我们的满意度。所以在我们的服务过程中,一定要做好每一个细节,因为细节决定了大局。

## 第三章　服务制胜

## 信守承诺

要赢得客户的信赖，必须遵守诺言。每一位顾客都希望听到客户服务人员的诺言，客户服务人员也往往是通过向顾客许诺来打消顾客的顾虑的。如许诺承担质量风险，保证商品优质，保证赔偿顾客的损失；答应在购买时间、数量、价格、交货期、服务等方面给顾客提供优惠等等。但是我们要知道，作为客户服务人员，一旦许下诺言，就要不折不扣地去完成自己的诺言。否则，宁可不许诺。

遵守诺言是一笔最重要、最宝贵的无形资产，它往往可以给企业带来非常好的口碑。这方面的事例可以说不胜枚举。

美国凯物皮纳勒公司,是世界性的生产推土机和铲车的大公司,它在广告中说:"凡是买了我们产品的人,不管在世界哪一个地方,需要更换零配件,我们保证在48小时内送到你们手中,如果送不到,我们的产品白送你们。"

他们说到做到,有时为了一个价值只有50美元的零件送到边远地区,不惜动用一架直升飞机,其费用竟达2000美元。

有时无法按时在48小时内把零件送到用户手中,他们就真的按广告所说,把产品白送给用户。由于经营信誉高,遵守自己的诺言,这家公司历经50年而生意兴旺不衰。

有一次,英特尔的一位用户发现486芯片存在缺陷,而此时同类的486产品已经生产出5万个。为了避免让有缺陷的486芯片危害用户,英特尔公司毫不犹豫但却是忍着巨大悲痛,将价值1000多万美元的5万个芯片全部改制成纪念品——钥匙链。客户的利益保住了,英特尔公司却蒙受了巨大损失。问题涉及的范围更广、令英特尔公司损失更惨重的是公司对"奔腾"芯片所存在的浮点除法运算缺陷的处理,在那一次重大事件中,英特尔公司共报废了库存的50万个"奔腾"芯片,并承诺退换

## 第三章　服务制胜

已进入市场的150万个这种芯片，英特尔公司因此损失4.75亿美元，而用户的权益却得到了很好的维护。显然，英特尔公司精致周到的售后服务和对用户负责的精神，换来的是英特尔公司形象的美誉和产品的畅销。从这个角度来说，英特尔在实践"用户第一"原则的付出是值得的。视信誉为生命的精神令客户感动，而信守承诺会赢得新老客户更多、更大、更久的合作。

## 用心服务才能有效率

时间是一种每个人都很短缺的商品,由于我们的服务过于糟糕而浪费了客户的时间,这会让人很沮丧和懊恼的。长时间地延误客户,会大大地影响顾客的总体满意度,在许多时候,这是顾客转向竞争对手的原因之一。

用心服务的程序经常随着时间而发生变化,随着企业的不断成长壮大和顾客的数量增长而发生变化,所以,建议大家花些时间来考察一下你的顾客在等候服务时的一些问题:

1.减少排队

客户对应当去哪里获取服务是否清楚?他们应当怎样排

第三章　服务制胜

队？他们对接待服务的流程是否熟知？没有什么比让一群人等候服务更令人烦躁不安的了。我到吉隆坡演讲，总体感觉非常好，唯一让我感觉需要改善的，就是下机后到出口让我排了将近一个小时的队。我在排队时感言："假如下次再来，我会有恐慌感。"

2.快速服务

是否有很多人都在等待着，如果的确如此的话，你也许需要设置一条快速服务通道，只需花几分钟就可以完成的简单的服务，像许多大型超市里面做的一样。如今银行提供了快速付款机，可以自动存款并开账单。许多商家都应该提供类似的快速付款业务，这会大大减少忙碌中的人们的等待时间。

3.等候区

等候区是否很吸引人？是否比较舒适？顾客是否被迫为进出的人让路？你是否需要提供座椅？这是我们应该注意的。我公司过去开会时，没有到进场的时间，外面又没有等候区，有部分客户就对此产生抱怨。现在我们每次会议都设立等候区，就彻底解决了这个问题。

4.转移顾客的注意力

你能让顾客的等待时光更为有趣吗？有些企业固执地在队

伍前面放一只大钟，让一直等在队伍里的顾客，看着时间在难以忍受中一秒一秒地流逝。想象一下这种感觉能好吗？有没有其他的方式可以转换顾客的注意力呢？有的。比如，在顾客能接触到的地方，放置一些报纸、杂志、故事集、宣传册或者张贴一些艺术品，也可以播放一些影碟，使等待的人消磨等待的时间。

5.检查标牌

查看一下你的标牌。标牌会告诉每个顾客应当往哪里走，应当做什么，尽管不是每个人都能看见它或都能理解标牌的意思。有些顾客也许有阅读上的困难，或者存在语言障碍，或者他们当时心不在焉，没注意到标牌。但这不妨碍对大多数人有益。

6.与正在等候的顾客交谈

如果队伍很长，走过去和正在等待的顾客聊聊天。对他们的等待表示歉意，你说什么并不重要，最主要的是让客户感受到你非常地在乎和感谢他们，让他们知道不会再等很久，也可以考虑赠送一些礼品。

7.讨好客户的孩子

不得不等在队伍里的孩子是很容易变得心烦意乱、备感无聊的。如果你的企业中有许多带孩子来的父母，要想办法引起他们的兴趣,比如说在后台播放儿童电视、设置一小块娱乐场地等来分散孩子们的注意力,让他们愉快地度过这段等待时光。

第四章

服务好客户

第四章　服务好客户

## 了解顾客的消费心理

俗话说，知己知彼，百战不殆。销售人员在推销过程中，充分了解客户的购买心理，是促成生意的重要因素。

顾客在成交过程中会产生一系列复杂、微妙的心理活动，包括对商品成交的数量、价格等问题的一些想法及如何与你成交、如何付款、订立什么样的支付条件等。顾客的心理对成交的数量甚至交易的成败，都有至关重要的影响。因此，优秀的销售人员都懂得对顾客的心理予以高度重视。

20世纪40年代美国的八大财团中，摩根财团是名列前茅的"金融大家族"。可老摩根从欧洲漂泊到美国时，却穷得只有

一条裤子。后来夫妻俩好不容易才开了一家小杂货店。当顾客买鸡蛋时，老摩根由于手指粗大，就让她老婆用纤细的小手去抓蛋，鸡蛋被纤细的小手一衬托后就显得大些，摩根杂货店的鸡蛋生意也因此兴旺起来。

老摩根针对购买者追求价廉的购买动机，利用人的视觉误差，巧妙地满足了顾客的心理需求。其后代子继父业，也深谙经营之道，终于逐步发家，成为富甲天下的"金融大家族"。

由于人的购买行为是受一定的购买动机或者多种购买动机支配的。研究这些动机，就是研究购买行为的原因，掌握了购买动机，就好比掌握了扩大销售的钥匙。

归纳起来，顾客的消费心理主要有以下11种：

1.求实心理

这是顾客普遍存在的心理动机，他们购物时，首先要求商品必须具备实际的使用价值，讲究实用。有这种动机的顾客，在选购商品时，特别重视商品的质量效用，追求朴实大方，经久耐用，而不过分强调外形的新颖、美观、色调、线条及商品的"个性"特点。

## 第四章　服务好客户

2.求美心理

爱美之心，人皆有之。有求美心理的人，喜欢追求商品的欣赏价值和艺术价值，以中青年妇女和文艺界人士居多，在经济发达国家的顾客中也较为普遍。他们在挑选商品时，特别注重商品本身的造型美、色彩美，注重商品对人体的美化作用，对环境的装饰作用，以便达到艺术欣赏和精神享受的目的。

3.求新心理

有的顾客购买物品注重"时髦"和"奇特"，好赶"潮流"。在经济条件较好的城市中的年轻男女中较为多见，在西方国家的一些顾客身上也较常见。

4.求利心理

这是一种"少花钱多办事"的心理动机，其核心是"廉价"。有求利心理的顾客，在选购商品时，往往要对同类商品之间的价格差异进行仔细的比较，还喜欢选购打折或处理商品，具有这种心理动机的人以经济收入较低者为多。当然，也有经济收入较高而勤俭节约的人，精打细算，尽量少花钱。有些希望从购买商品中得到较多利益的顾客，对商品的花色、质量很满意，爱不释手，但由于价格较贵，一时下不了购买的决心，便讨价还价。

### 5.求名心理

这是以一种显示自己的地位和威望为主要目的的购买心理。他们多选购名牌，以此来"炫耀自己"。具有这种心理的人，普遍存在于社会的各阶层，尤其是在现代社会中，由于名牌效应的影响，衣食住行选用名牌，不仅提高了生活质量，更是一个人社会地位的体现。

### 6.仿效心理

这是一种从众式的购买动机，其核心是"不落后"或"胜过他人"，他们对社会风气和周围环境非常敏感，总想跟着潮流走，有这种心理的顾客，购买某种商品，往往不是由于急切的需要，而是为了赶上他人，超过他人，借以求得心理上的满足。

### 7.偏好心理

这是一种以满足个人特殊爱好和情趣为目的的购买心理。有偏好心理动机的人，喜欢购买某一类型的商品。例如，有的人爱养花，有的人爱集邮，有的人爱摄影，有的人爱字画，等等。这种偏好性往往同某种专业、知识、生活情趣等有关。因而偏好性购买心理动机也往往比较理智，指向性也比较明确，具有经常性和持续性的特点。

## 第四章　服务好客户

### 8. 自尊心理

有这种心理的顾客在购物时,既追求商品的使用价值,又追求精神方面的高雅。他们在购买之前,就希望他的购买行为受到销售人员的欢迎和热情友好的接待。经常有这样的情况:有的顾客满怀希望地进商店购物,一见销售人员的脸冷若冰霜,就转身而去,到别的商店去买。

### 9. 疑虑心理

这是一种瞻前顾后的购物心理动机,其核心是怕"上当吃亏"。他们在购物的过程中,对商品的质量、性能、功效持怀疑态度,怕不好使用,怕上当受骗。因此,反复向销售人员询问,仔细地检查商品,并非常关心售后服务工作,直到心中的疑虑解除后,才肯掏钱购买。

### 10. 安全心理

有这种心理的人对欲购的物品,要求必须能确保安全。尤其像食品、药品、洗涤用品、卫生用品、电器用品和交通工具等,不能出任何问题。因此,他们非常重视食品的保鲜期,药品有无副作用,洗涤用品有无化学反应,电器用品有无漏电现象等。在销售人员解说、保证后,才放心地购买。

11.隐秘心理

有这种心理的人购物时不愿为他人所知，常常采取"秘密行动"。他们一旦选中某件商品，而周围无旁人观看时，便迅速成交，青年人购买和性有关的商品时常有这种情况，一些知名度很高的名人在购买高档商品时，也有类似情况。

第四章　服务好客户

## 客户都需要安全感

人本主义心理学的代表人物马斯洛认为，安全感是人类保障自身安全的需要，也是除了生理需要之外第二个必须得到满足的需求。在销售过程中，客户在基本心理需要得到满足后便会去追求更高的需求层次，即追求安全感。他们在购买产品时常常关注该产品会不会给其本人和家庭带来安全感，或者说可以避免哪些不安全的威胁。而作为销售员，就要了解客户的安全心理需求，努力为客户营造消费的安全感。

原一平是日本杰出的保险推销员，当他劝说山本先生投保时，山本总是给出一些琐碎且毫无意义的反驳。

原一平凝视着山本说:"山本先生,您有足够的支付能力而且比任何人都关爱您家人的安全和健康。但您仍然不能下定决心购买保险,这可能是我此前向您介绍的保险方式不太适合您,也许您应该签订一种'29天保险合同'。"

山本先生显然不明白"29天保险合同"是什么,于是问道:"这是一种什么保险方式?"

原一平不慌不忙地解释说:"'29天保险合同'与过去我向您介绍的保险相比金额是相同的,满期退还金额也是完全相同的。而且购买这种保险的人只需要花费正常规模保险合同50%的保险费用。"

山本先生显现了吃惊而喜悦的神色:"为什么只要花费50%的保险费用就可以了?应该还有一些特殊的要求吧?"

原一平仍然用不紧不慢的语调说道:"山本先生,所谓的'29天保险'就是指您每月受到保险的日子是29天,另外一天或两天您可以随意选择。"

"不过,您打算如何支配您的休息时间呢?您可能会选择待在家里。其实据有关统计数据表明,家庭这个地方是最容易

## 第四章　服务好客户

发生危险的地方。"说着，原一平将一些统计资料交到山本先生手中。

山本先生脸上的喜悦表情这时没了。原一平此时说："山本先生，请原谅我，我提议的这种保险方式是对您和家人的不负责任，而您对家人的责任感却相当强烈。我在说明这种'29天保险'时说，您每月有一天或者两天没有保障，我担心您会想：'如果我正是在这个时间里发生意外伤害怎么办？'"

山本先生很诚恳地点了点头，表示认同原一平的说法。

原一平继续说："山本先生，您不必为刚才的想法所担心，这种保险我只是冒昧地说说而已，目前我们公司并不认可这种保险方式。而且我相信，您早就意识到了正常保险规模的意义。有了这种保险，您不管在什么时候什么地方，都会享受到安全的保障，您的家人也会得到这样的保障，这一定正是您所希望的吧？"

此时山本先生还有什么可说的呢？他高高兴兴地购买了费用最高的那种保险，因为他要保证自己和家人时刻都处于一种足够安全的保险体系当中。

客户消费时都有追求安全的心理，这种安全心理在某些销售领域表现得是比较突出的，比如药品、卫生保健、家用电器、保险业务等方面的消费。人们之所以会购买防盗门、灭火器，购买各种保险，购买卫生保健品，都是出于追求安全的心理需要，要努力避免自己的身心健康、生命安全受到伤害。有些客户往往会出于对产品安全方面的疑虑，对整个产品、销售员或其所在的公司失去兴趣。既然如此，销售员就要想办法打消客户的顾虑，让客户对产品和自己拥有足够的信任。

1.用专业打消客户的产品安全顾虑

专业的销售员是给予客户安全感的最佳角色。

销售员要对自己的产品有足够的信心。客户购买的主体就是产品，大多缺乏安全感的客户都是对产品没有信心，而一个销售员的信心会感染并带动客户的情绪。销售员一定不能胆怯，要表现出足够的自信，让客户觉得你推荐的产品绝对能解决他的问题，从而解除客户的疑惑心理。

最后，销售员对自己所售产品的介绍要专业。销售员要对自己销售的产品非常熟悉，在给客户介绍时要专业，让客户觉得你是这方面的专家，对产品存有的风险要巧妙地告知客户，不能含糊其词、躲躲闪闪。这样客户就会信任你，减少心理上的担忧，使心理安全的需要得到满足。

2.用实现双赢消除客户的经济安全顾虑

满足客户的经济安全，也是给予客户安全感的一个方面。客户除了考虑产品的安全外，就是产品的价格，是否物超所值、是否花了冤枉钱等等。如果客户因为购买某种产品而让自己的经济状况受到威胁，那么他是绝对不会做出购买决定的。所以销售员要在交易达到双赢的基础上，努力帮客户做好经济规划，让客户拿很少的钱换取很大的利益，以此消除客户的经济安全顾虑。虽然这样做会使销售额暂时较低，但是生意不只做一次，一个长久的客户和良好的口碑却能为公司带来更长远的效益。

## 客户都有怀旧心理

怀旧是对过去的人或事物的追忆,有美好的、有伤感的,有快乐的、也有痛心的,这些追忆都给人留下了深刻印象,有的甚至是刻骨铭心的。心理学上的怀旧心理具有一定的积极作用,它可以帮助人调整心态,使其更加平和,返璞归真,可以帮助人认识自我、宣泄感情。营销学中也常常利用客户的怀旧心理制定积极的销售策略。销售员要善于利用客户的怀旧心理,抓住客户的"怀旧对象",有针对性地进行产品介绍与情感交流。

在这样的情况下,大家一定要注意以下五点:

# 第四章　服务好客户

## 1.抓住时间

开口会吃亏么？那要看你的感觉了。你的新朋友穿得很潇洒吗？不妨说："你的领带真漂亮！"如果你参加宴会，他正在吃东西，就说："我想尝尝那个沾汁蟹，但又怕太辣。"其实很容易渡过开头那一关，预期要轻松、自然，而且不显得唐突。接着，该把"球"传给别人了。提问题可以使谈话继续下去。"你是怎么认识主人的？""说话的那人你印象怎样？""那是条什么狗？"如果是别人问你，试着不要回答得太简单，让人无话可接。例如，他很欣赏你的耳环，你可以说："很高兴你注意到了，那是我的朋友从西安捎回来的，你去过那儿吗？"回答问题的同时，要注意改变有关话题，使话题继续下去。

## 2.积极热情

将视线停留在她的脸上，集中精力促使聊天在一种自然、谦逊的氛围中进行。最糟的就是你四处张望或目光茫然，要全身心地投入才行。如果他看上去不大想继续谈，不用难过，也不用担心会让他看出来你有丝毫反应。也许他是感兴趣的，但需要时间整理思路。如果你提早结束，你就不会有动力、经历或体力再次聊得神采飞扬。

### 3.听话听音

现在你们已经聊了一些各自的兴趣和爱好。都觉得挺合得来的,接下来该去准备深谈了。在这个阶段,很容易低估用心听的重要性。别人在说话时,你仅仅保持安静是不够的。除了听清事实之外,还要听话听音。什么是你的伙伴最困扰的呢?例如,他提到过失业或者刚刚离婚吗?如果你发现他开始是这么说:"希望你不要介意我的问题……"那是他正在向你发信号,打算过分涉及私事,而且又感到有点儿不便。因此,听话听音迫使你把心思集中在他身上,而不是你自己。还要记住一点,谈话成功不需要惊天动地,需要的是双方的积极配合继续聊下去。投入不一定要相等,重要的是诚恳。

### 4.避免"杀手"

如果应付得当,大多数人都会跟你聊得比你想象得久,还会感激你的礼貌。但仍有一些屡试不爽的"杀手",使谈话终止。其中,需要认识的三个重点是:

(1)速度陷阱。当你的话像子弹一样飞驰或者慢慢腾腾爬行的火车也一样喋喋不休时,是无法引起别人兴趣的。保护自己一方坠入速度陷阱——太快或太慢——一种办法就是经常停下,给你的话友一个发言的机会。你是否犯有这样的倾向

呢？不妨将你打的电话录下来听。

（2）消极话题。如果你过于热心于个人或其他重要的问题，如果你津津有味地说着不幸的事儿，别人就会变得紧张而且不舒服。类似的，即使他的地位高于你，你也不用畏首畏尾。如果你的工作不理想，别说："我只是个档案管理员，我讨厌这份工作。"消极只能表明你一无是处。如果你有远大的抱负，可以大胆而且坦白地说出来："我正在学习成为一名饮食学家，但现在仍在做办公室工作。"否定的开场白："这儿的服务真差劲儿，我再也不来了。"也会吓走任何一位听众。

（3）个人隐私。涉及关系、财产和身体的直接问题是完全不适当的。"你婚姻幸福吗？""你挣多少钱？""你穿多大号的衣服？"这些问题不仅让人觉得你爱管闲事，而且把聊天弄得像警察在审讯。

5.间歇效应

当你对一开始的话题感到厌倦的时候往往有一个间歇会出现，一两分钟笨拙而又勉强的交流之后，大多数闲聊就会因此而终止。如果你们不想再终止。如果你不想再继续，那是另一回事。但成功的谈话是可以避免夭折的悲剧的。根据你现在情况或对他了解的程度，不妨挑一个轻松的话题继续聊几

分钟。嗜好和旅游等丰富而自然的领域往往是最好的选择。同样广泛的阅读杂志、书籍和报纸，了解时事，为谈话做准备，也是一条好的途径。重新再聊起来，你只要说："你有没有读过……"别把他的"没有"当作回答，也别绕过这个话题，你可以继续问："那你相不相信……"如果你们一直在谈酒和干酪，当渐渐没什么可聊的时候，你可以简单地问："夏天快到了，你计划去度假吗？"或者"你打算去什么特别的地方度过这个假期呢？"即使他回答"我没有任何计划"，你还可以问问他曾经去过哪些地方。如果由于职业的原因，他或她不能休长假，你可以换换方式问他从事何种职业。

如果你能够拓宽让他们有话说的机会，人们通常会很高兴的。

第四章　服务好客户

## 满足客户的虚荣心理

马斯洛理论把人的需求分成生理需求、安全需求、社交需求、尊重需求和自我实现的需求五类,依次由较低层次到较高层次。针对其中的尊重需求,我们不难联想到这一节的主题,即恭维爱慕虚荣的客户,也是为了变相地满足客户要求尊重的心理需求。

尊重的心理需求既包括对成就或自我价值的个人感觉,也包括他人对自己的认可与尊重。有尊重需求的客户往往都存在爱慕虚荣的心理,他们希望销售员尊重、重视他们的光顾,希望自己购买的产品有档次等等。面对这样的客户,销售员要用

赞美之词去适当恭维客户,通过满足客户的虚荣心获得客户的好感。

1.客户犹豫不决的原因

一般情况下,犹豫不决的客户的具体表现为:对销售员所推荐的产品基本满意,似乎也有点心动,但是要决定购买时却犹豫不决,可能多次对产品的质量、款式、价格等做比较、挑毛病。他们总是瞻前顾后、举棋不定。心理学上对这种现象的解释是:"客户存在某种认知障碍。"对产品缺乏必要的知识和经验,所谓"吃不透,摸不准",从而拿不定主意。

小张是一家商场的冰箱导购员,一天,有位男客户来挑选冰箱。小张热情地帮他介绍产品的型号、性能,但对方左挑右选仍不确定要哪一台。通过交谈及观察,小张得知:那位男士想挑选一台进口的冰箱,因为周围邻居用的全部是进口货,自己买国产的怕被邻居笑话,但进口的却比国产的高出近一倍的价钱,他怕买回去妻子会不高兴,因此举棋不定。

小张仔细想了想,对那位男士说:"先生真是好眼光,这款进口冰箱的销量最高,也是最受客户欢迎的,好多像您这样的成功人士都选这一款。"

## 第四章　服务好客户

男士似乎很是受用销售员的恭维，脸上尽是扬扬得意的笑容，但又犹豫了一下，小张知道他是怕老婆责怪，但又怕小张笑话他没主意、在家不做主，这点小事都要问老婆。

小张通过察言观色，了解了这位先生的心事，十分自然地笑着说："先生，要不您和太太商量一下，毕竟买冰箱是一家人的事情。但是我感觉您在家里肯定是一家之主，您的太太一定很爱你，只要是你看中的冰箱，太太也一定会喜欢的。"

男人听得心花怒放，笑着说："是啊，我太太特别善解人意，而且也特别依赖我，家里的大事小情一般都要来问我，呵呵，给我开张单子吧，这台冰箱我要了。"

"好，那您稍等。"

心理学家认为，客户的爱慕虚荣也可能是因为他们存在某方面的不足，害怕暴露而采取的掩饰措施。虚荣需求在某种意义上说，也不一定是客户自身的真正需求，客户常常会为了满足虚荣心理而做出购买的决定。比如现在培训市场里的许多MBA学员，他们根本不是为了学习专业知识，而是为了满足一种虚荣心理来报班拿证的。销售员完全可以借助客户的这种心理需求，巧妙地通过赞美来满足客户的虚荣心。

2.借鉴成功学大师的赞美方法

有些客户虚荣心理较强,如果销售员予以适当的满足,往往可以取得不错的效果。为了维护客户的自尊心去赞美客户,这是销售工作顺利进行的润滑剂。著名的成功学大师戴尔·卡耐基曾经提出过如何赞美别人的方法,借鉴他的方法,我们来总结一下如何赞美客户。

赞美客户要具体化,这是赞美的基础。赞扬客户时要就事论事,用一些具体而明确的事情来恭维客户,不要含糊空泛地赞美;毫无根据地奉承一个人,反而会弄巧成拙。

从否定到肯定的评价。这种用法一般是这样的:"我很少佩服别人,您是个例外。"

在销售过程中,销售员如果听到客户自感得意的事,一定要停下所有的事情去赞美他。

对于多次见面的客户,要适度指出客户的变化和提高,这是细心观察的结果。

把客户与自己做对比,让客户感受到你的真诚。

赞美客户不擅长的某方面,给对方惊喜。如果客户是画家,你可以称赞他笛子吹得好,让他感受到意外的惊喜。

一定要掌握赞美的度,过度的恭维可能会使客户对你的动

## 第四章　服务好客户

机产生怀疑，从而提高警觉，增加沟通的阻碍。

3.注意恭维的对象

销售员要面对形形色色的客户群体，他们的性别不同、年龄不同，地位不同、喜好也不同，所以销售员在恭维对方的时候一定要因人而异，采取不同的方法和口吻，这样才能产生最佳的效果。

男士一般重视自己的事业，恭维的重点应该放在他们所取得的成就和自身能力上。

女性一般比较在乎自己的形象，所以应重点赞美对方的穿着打扮、身材、气质等方面。

对年轻人的赞美要时尚、夸张、大胆；面对长辈，你的语气要稳重，态度要十分谦虚，时刻尊重别人。总之，赞美之词要切合实际，不能无中生有。

如果你成功地争取到了与客户面谈的机会，那么恭喜你，你已经成功了一半。接下来你需要在面谈时保持最好的状态，用自己的专业性赢得客户信赖并最终达成交易。

在面谈时保持专业性，这并不是一个简单的问题，需要你在面谈之前做好充分的准备。具体来说，就是要问自己以下三个问题：

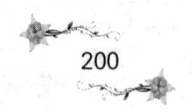

1. 我怎样才能给对方留下印象

你必须在与客户面谈之后给客户留下一个清晰的与众不同的形象，这样当你再一次与客户联络时，他才可能记得你，知道你的目的。所以，在与客户面谈之前，你需要在如何使自己与众不同方面花一些心思，这是非常重要的准备工作。

2. 我准备好了吗

在面谈之前，你需要再一次熟悉客户的资料，分析客户的需求，并且检查自己是否带齐了产品展示时所必需的样品以及相关的资料和辅助设备，这样，在与客户面谈时，才能顺利地完成产品展示。

3. 我希望事情的结果会怎样

在面谈之前，你需要为自己即将进行的面谈确定一个目标。在树立面谈目标时，要明确具体，诸如"让客户购买产品"这样的目标是没有用的，因为它太含糊了。你可以根据客户的不同情况，树立切实的目标。比如，在与一位准客户进行第一次面谈时，可以树立"和对方建立关系，相互熟悉，初步介绍产品"的目标；当与一位客户多次接触，彼此已经熟悉，客户已经对产品产生购买欲望时，就可以树立"提出成交要求，实现交易成功"的面谈目标。

## 第四章 服务好客户

在面谈的过程中，销售人员必须为客户营造一种轻松和谐的气氛，促进双方之间的交流和了解。下面是一些必须遵循的原则：

（1）不要奉承客户，否则会给客户留下虚伪、不够真诚的印象。

（2）不要对某人的穿着作出负面评价，即使你评价的对象只是一个与对方毫不相关的人，也是如此。

（3）不要花太多时间谈论你自己。如果客户注意到你黝黑的皮肤，问你否刚刚度假归来，而且你确实是刚刚结束愉快的旅行，你只需说出你去了哪儿，而没必要谈论太多的感受，否则会有炫耀之嫌，而且也会妨碍客户发表意见。

（4）如果你正谈论的话题是客户不喜欢的，应该马上更换话题。

（5）避免谈论任何你有强烈信念的东西，除非你确定客户与你有相同的立场。

（6）体育明星和娱乐圈的名人也应该被列为谨慎谈论的对象，除非你确定客户喜欢和厌恶的对象。

（7）实话实说。如果你需要30分钟完成介绍，那么在一开始你就得明确地指出来。你不能说自己只需要10分钟，因为

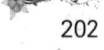

当10分钟过去后你仍在喋喋不休,客户就会感受到欺骗。如果你想避免客户因为你需要的时间太长而拒绝你的情况出现,你可以事先列出一个提纲,并且尽可能在自己向客户许诺的时间内完成;如果客户对你的介绍感兴趣,你就可以要求对方再给你一些时间详细介绍。

真正的销售应该从面谈开始,面对面地与客户沟通交流,才能有效地推进你的销售,才能帮助你取得好的销售结果。

## 打消客户的挑剔心理

心理学家分析，只有那些对产品有异议的客户才真正考虑过购买，如果客户并不打算购买，他一般不会对你的产品评头论足，因为这可以减少不必要的麻烦。所以说，挑剔是客户购买产品的前提。作为销售员，在遇到那些比较挑剔的客户时，一定要保持足够的耐心，洞悉客户挑剔背后的其他因素。绝对不能厌烦客户，更不能埋怨、指责客户的挑剔。

一位客户来到一家高级箱包专卖店，经过销售员的热情引导，看中了一款皮包。

客户："这都是正品货吗？能保证质量吗？"

销售员:"我们是全球连锁企业,每一家店都非常讲究信誉,只要在我们的正规分店购买,就一定是真货。"

客户:"这款包打理起来会不会很费时间和精力?"

销售员:"不会的,虽然它是纯皮质地,但是由于经过特殊处理,所以您只要用潮湿的棉布擦拭就可以了,打理起来非常方便。"

客户:"可这种颜色的皮包配这个颜色的拉链,看起来很突兀,你不觉得吗?"

销售员:"乍一看的确是有一点,不过这两种颜色其实是色彩中的黄金搭档,搭配起来很活泼,视觉上会给人眼前一亮的感觉,非常引人注意,您觉得呢?"

客户:"这款皮包是不是有点大,背起来会不会让人看了觉得特别累赘啊?"

销售员:"这款包是有一些大,但是这种休闲的款式却恰恰弥补了这一点,您背起来不仅不会感觉累赘,反而会显示出一种休闲、舒适、简约的风格,让人感觉很轻松,这与您本身的气质不谋而合。"

## 第四章　服务好客户

客户："包上的装饰花能不能换一个，怎么这么不搭配？如果是黄色一定会非常合适。"

销售员："您是我见过的最有品位的顾客之一，我们的设计师也提出过和您一样的配色方案。"

最终，百般挑剔的客户买走了这款皮包。

著名的推销大师乔·吉拉德曾说过这样的话："客户拒绝并不可怕，可怕的是客户不对你和你的产品发表任何意见，只是把你一个人晾在一边。所以我一向欢迎潜在客户对我的频频刁难。只要他们开口说话，我就会想办法找到成交的机会。"

客户对产品挑剔，就说明客户希望产品是他理想中的样子，也可能产品基本上满足了他的要求，只是存在某方面的不足。尤其是那些对产品不是非常满意，但又不急于离开的客户，他们的购买概率会很大。此时销售员要判断客户挑剔的真正原因，并及时采取营救手段，把客户的挑剔扼杀在萌芽期，引导客户迅速转入产品成交准备阶段。

1.分析客户的挑剔类型

存在即为合理，客户挑剔也一定有他挑剔的原因。作为销售员，即使客户挑剔的原因是微妙的、不易察觉的，我们也要尽全力分析客户的挑剔类型。只有弄清这一点，才能进行下一

步的销售工作。一般来说，客户的挑剔有两种类型：

（1）客户具有爱挑剔的性格。有一类客户的本性是爱挑剔的，在面对产品的时候，他们总是追求完美，希望产品和他们理想中的一样。即使是本来性能已经很优异的产品，他们也能挑出毛病来。他们吹毛求疵，喜欢和销售员理论、唱反调、抬杠、争强好胜。他们总认为销售员介绍的都是产品的优点，一定会掩饰产品的缺点和不足。

（2）挑剔是为了降价。有些客户明明对产品爱不释手，但为了压低价钱，就对产品百般挑剔。他们一般会对产品的质量、品质、外观、颜色等提出诸多异议。此时客户的挑剔只是借口，他们对挑剔出来的问题其实并不在意，其背后隐含着真实异议——价格异议。

2.如何应对客户的挑剔

在分析了客户挑剔的类型之后，销售员就要采取相应措施解决客户的异议。

应对爱挑剔的客户时，销售员要知道这完全是客户的性格使然，销售员不能厌烦、排斥甚至拒绝客户，而是要虚心倾听客户的观点，站在客户的角度上冷静引导对话。

销售员要以微笑应对。微笑是调节尴尬的最佳方法，如果

## 第四章 服务好客户

客户的挑剔确实是产品存在的问题,销售员应妥善解答。如果客户是在鸡蛋里挑骨头,不妨用微笑回避,一个微笑,大家都心知肚明。

应对希望通过挑剔达到降价目的的客户,销售员不要为了迎合客户而立刻降价,这样会让客户以为产品确实存在问题。针对这种情况,销售员不妨转移话题,把客户的注意力转移到产品的价值上来,让客户认同了产品,就不会再要求降价了。

如果客户对价格还是存在异议,仍旧挑剔,销售员可以适当为客户争取一些优惠条件,用利益吸引客户,促进与客户的成交。

## 客户需要的是"物超所值"

买到的是质量好的产品,同时还要买得实惠,这是客户普遍存在的心理。但在实际生活中,客户往往很少有满足感,他们常常抱怨自己的钱花的不值得。作为销售员,我们要本着为客户服务的宗旨,努力想办法让客户觉得购买的产品物超所值。

美国寿险奇才巴哈推销成功的秘诀是:为客户图利,使客户从他这里得到的利益大于他从客户那里得到的利益。

不相信吗?巴哈就是这么做的。一次,有一个客户对他说:"我要为自己买5000美元的寿险,还要为我的妻子和三个孩子各买1000美元的寿险。"巴哈知道客户的想法有偏差,他

## 第四章 服务好客户

并没有为了自己的利益而隐瞒事实,而是真诚地告诉客户:"寿险的目的是为了要当父亲的去保护自己的孩子,而不是要孩子去保护自己的父亲。"

最后,客户接受了巴哈的建议,只为自己买了5000美元的寿险,虽然生意减少了,但是这位客户最后成了巴哈最忠实的客户。

销售员要知道,客户和你一样,知道赚钱的艰难,买东西之前也会再三考虑。你想把东西卖给别人,先要想好客户买了值不值。这正如张其金所说:"作为一名销售员,你一定要永远记住这样一条规则:人们买的是产品的利益,而不是产品本身。推销员必须很有创意地将产品本身的特性、功能诠释成客户的利益,否则很难达到预期的目标。现实中,不懂得如何表现产品利益的推销员往往很难取得成功。"

让事实说话,我们来看看这位销售人员是怎样向一对想给孩子买一些百科读物的年轻夫妇推销百科全书的。

书店里,一对年轻夫妇想给孩子买一些百科读物,推销员过来与他们交谈。以下是当时的谈话摘录。

客户:"这套百科全书有些什么特点?"

推销员："你看这套书的装帧是一流的，整套都是这种真皮套封烫金字的装帧，摆在您的书架上，非常好看。"

客户："里面有什么内容？"

推销员："本书内容编排按字母顺序，这样便于资料查找。每幅图片都很漂亮逼真，比如这幅，多美。"

客户："我看得出，不过我想知道的是……"

推销员："我知道您想说什么！本书内容包罗万象，有了这套书您就如同有了一套地图集，而且还是附有详尽地形图的地图集，这对你们一定会有用处。"

客户："我是为孩子买的，让他从现在开始学习一些东西。"

推销员："哦，原来是这样。这个书很适合小孩的，它有带锁的玻璃门书箱，这样您的孩子就不会将它弄脏，小书箱是随书送的。我可以给你开单了吗？"

（推销员作势要将书打包，给客户开单出货。）

客户："哦，我考虑考虑。你能不能留下其中的某部分，比如文学部分，我们可以了解一下其中的内容吗？"

## 第四章　服务好客户

推销员:"本周内有一次特别的优惠抽奖活动,现在买说不定能中奖。"

客户:"我恐怕不需要了。"

作为推销员在推销活动中首先应该了解顾客的真正需求,并运用适当的洽谈技巧。本案例中推销员因为没有针对性地对顾客进行了解,也没有掌握一些产品的介绍技巧,才导致推销的失败。

销售人员打动客户的最有效方法就是对产品的特点和它能够带给人们的利益进行形象地描述。

如果你推销的是冷气机、汽车及钢琴、参考书,你不能仅仅从产品的经济性、便利性、耐久性、颜色、花样、设计等方面去做介绍,你必须使客户想起装上冷气机后一家团聚的舒服温馨景象,以及开汽车时自豪的得意情形、孩子努力学琴念书的情景,这样才会唤起客户的好感和认同,才能取得不错的销售成绩。

就像一句推销名言所说,如果你想勾起人们吃牛排的欲望,将牛排放到他的面前可能有效,但最令人无法抗拒的是煎牛排的"吱吱"声。他会想到牛排正躺在铁板上,"吱吱"作响,浑身冒油,香味四溢,不由得咽下口水。"吱吱"的响声

更能使人们产生联系，刺激需求欲望。

那么，怎样才能在产品的介绍中，让客户听到"吱吱"的响声，而不是只看到牛排呢？这就要求推销员能够戏剧性地表现产品特征。我国的国酒茅台之所以能够在巴拿马博览会上力压群芳，就是因为他们让客户听到了"吱"的响声。参展者把茅台酒摔在地上，酒香四溢，吸引观者无数，世界级的品酒大师也为这香气所吸引，争相品尝，从此人们记住了醇香绵长的中国茅台。

由此可见，一个优秀的销售员要懂得如何把潜在客户变成准客户，把一次客户变成终生客户。让客户花钱花的开心、买的物超所值，才是最理想的方法。

1.从客户的立场了解客户需求

比尔·盖茨认为，站在客户的立场，设身处地为客户着想，是微软的行动目标，也是市场的要求，每一个员工都应该朝着这个目标去奋斗。盖茨的话说明了销售员只有从客户的角度来考虑问题，才能充分了解客户的实际需求。

销售员要想了解客户最想知道的是什么，最在乎的是什么，最能吸引他们的又是什么，就要忘记自己的销售员身份，把自己当作客户。如果你一直把自己看作是一个销售员，你就

## 第四章 服务好客户

永远处在等待别人来购买的被动地位。倘若你能跳出销售员的身份，以一个消费者、使用者的立场来思考问题，就能窥见销售的真谛。

销售员可以通过观察客户的言行举止来得知客户需求，此外还要多询问客户，充分弄清客户的心理动向，以便更好地为客户解决问题。

只有了解了客户的需求，销售员才会知道应采取什么方式传递商品信息，以何种观点获得对方的认同，用什么话题引起对方的共鸣，进而让客户产生购买的欲望。

2.强化产品优势

销售员要想让客户的钱花得物超所值，就要从产品上做文章，让自己的产品脱颖而出，使客户眼前一亮。可以通过产品展示，让客户对产品的特性、款式等优势有一个直观的了解，加深产品在客户脑海中的印象。还可以进行功能示范，在销售现场演示产品的功能。另外，让客户参与产品体验，也是强化产品优势的一种方法。让客户亲自体验产品的价值，不仅强化了产品的优势，还展现了产品的特色，更能够吸引客户的注意。

3.增加产品的附加值

让客户花钱买产品，需要有令人信服的理由支持。如何

能让你的产品吸引众多的客户呢?怎样才能让客户在琳琅满目的商品中一眼相中你的产品呢?附加价值会让你的产品与众不同。即使你的产品价格与同类产品相比要高一些,客户也会因为你提供的良好的附加价值而购买你的产品。

4.提供真诚的服务

真诚的服务会打动客户的内心,在现代营销学中,服务是销售的一个重要部分,虽然它并不是商品本身,但有时却比商品更重要。在当今社会,可能你的竞争对手如林,大家生产的产品也无大的差别,那么,能否让客户青睐你的产品,关键就在于能否服务好客户。销售员要用自己的热情和诚意赢得客户的信赖,让客户从购买中得到乐趣,使客户感到心情舒畅,精神愉悦,愿意为你的产品掏钱。

第四章　服务好客户

## 合理的价格是销售的关键

在商品推销中，价格是一个非常敏感的因素，合理的价格能够让顾客顺利地接受你所推销的产品。当然，在现阶段的市场经济条件下，让价格固定不变也是不可能做到的，因此应当在销售过程中预留出适当的价位变化的空间，以便销售人员和客户谈判。

一个机械设备推销员，费了九牛二虎之力谈成了一笔价值40多万元的生意。但在即将签单的时候，发现另一家公司的设备更合适于客户，而且价格更低。本着为客户着想的原则，他毅然决定把这一切都告诉客户，并建议客户购买另一家公司的

产品，客户因此非常感动。结果虽然这个人少拿了上万元的提成，还受到公司的责难。但在后来的一年时间内，仅通过该客户介绍的生意就达百万元，而且为自己赢得了很高的声誉。

当你本着为客户着想的原则去行动时，可能也会遇到上面事例中所提到的问题。这时你该怎么办呢？最明智的办法就是放弃眼前利益，以使自己获得更加长远的利益。

有一位客户对原一平说："我目前买了几份保险，我想听听你的意见，也许我应该放弃这几份，然后重新向你买一份划算的。"

原一平告诉他："已经买了的保险最好不要放弃。想想看，你在这几份保险上已经花了不少钱，而保费是愈付愈少，好处是愈来愈多，经过这么看，放弃这几份保险非常可惜！"

"如果您觉得必要，"原一平接着说，"我可以就您的需要和您现有的保险合约，特别为您设计一套。如果您不需要买更多的保险，我劝您不要浪费那些钱。"

原一平自始至终只想着如何诚实地做生意。如果他觉得对方的确要再投保一些，他会坦白地告诉对方，并替他计划一个最合适的方案。如果没必要，他会直截了当地告诉对方，不需

第四章　服务好客户

要再多投一块钱了："您不需要再买保险啦！我看不出您有什么理由需要再买那么多的保险！"

正是这种为客户打算，处处想着客户的需要的推销心态，使原一平成了创造日本保险神话的"推销之神"。

总之，价格强烈影响着产品在销售市场上的地位，影响卖方的形象，也影响竞争对手的行为。它对购买者的消费心理和购买行为有重大作用。因此，定价必须采取灵活而慎重的态度。

成功销售的法宝：良好的服务

## 销售是为客户解决问题

为什么有的推销员总与成功有缘，而有的推销员则始终无法避免失败呢？最主要的原因是前者能够为客户解决问题，而后者在拜访，就是在拜访客户之前，就要调查、了解客户的需要和问题，然后针对客户的需要和问题，提出建设性意见。如提出能够增加客户推销量或能够使客户节省费用、增加利润的方法。

推销员向客户做建设性的访问，必然会受到客户的欢迎，因为你帮助客户解决了问题，满足了客户的需要，这比别人对客户说"我来是推销什么产品的"更能打动客户。尤其是要连

## 第四章 服务好客户

续拜访同一客户时，推销员带给客户一个有益的构想，从而给对方留下良好的第一印象更是不可或缺的。

一位推销高手曾这样说道："客户对自己的需要，总是比对推销员所说的话还要重视。根据我个人的经验，除非我有一个有益于对方的构想，否则我不会去访问他。"

销售人员一定要抱着自己能够对客户有所帮助的信念去访问客户。只要你把如何才能对客户有所帮助的想法铭刻在心，那么，你就能够提出一个对客户有帮助的建设性构想。

销售人员只有带着一个有益于客户的构想去拜访客户，才会受到客户的欢迎。尽可能多地拜访客户是必须的，但是，如果不能做建设性的访问，访问的效果可能就会大打折扣，甚至可能遭到客户的反感。因为客户在你之前可能已经见过很多推销员了，如果你和他们一样，没有一点建设性或创意，客户对于这样"无聊"的会谈也会产生疲劳感，这就注定了推销被拒绝的命运。

朱旭是一位相当成功的办公设备推销员，在一次演讲中他这样总结自己："很多人都认为我的成功是偶然的，但我不这么认为，因为我经常在想如何建设性地访问客户，如何寻找不同的东西去刺激客户。对每位客户都做建设性访问让我随时都能对成交机会产生机敏的反应。因此很多'偶然'的机会,都被我抓住了。"

一次,朱旭向一位技术人员介绍产品后,并没有得到客户的认可。就在他刚要出门的时候,这位技术人员接到了一个电话,朱旭无意中听到他们正计划要成立一个水质净化器制作与安装公司。朱旭为了赢得客户,便把这件事记在了心里。

一天,朱旭在另外一位客户的办公室等候的时候,他看到了一本与自来水有关的技术杂志,便翻开看了看。结果发现了一篇颇有启迪性的工程论文,这是一篇论述在蓄水池上面安装保护膜的论文。

于是,朱旭把这篇论文加以复印,然后立即带着复印材料去访问那位技术人员。该技术人员对朱旭提供的材料很感兴趣,当下就表示与朱旭进行合作。此后,他们的商业交往一直都进行得很顺利。看似一个无关紧要的信息,最后却成了朱旭成功的关键。

当然,要正确地为客户解决问题,在拜访客户前,销售人员应该作好充分的调查。对准客户的调查越细致、越准确,推销的成功率也就越高。"日本推销之神"原一平在决定拜访

## 第四章 服务好客户

之前,总是要全面调查准客户,只有在对准客户做了充分的调查和分析之后,他才会去叩客户的门。正是因为拜访前的细致调查,原一平在与客户交谈的过程中,总能提出有针对性的建议,总能够控制大局,最终取得成功。这也是原一平能够取得辉煌业绩的重要原因。

推销员如果在拜访客户前充分准备,搜集一些必要的信息,便可以采取有针对性的推销方式,从而拨动客户的心弦。其实,推销员只要认真地寻求可以助客户一臂之力的方法,带着一个有益于客户的构想去拜访客户,就能为自己的销售开辟一条坦途。

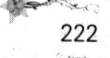

## 消除客户的逆反心理

心理学指出，逆反心理是指人们彼此之间为了维护自尊，而对对方的要求采取相反的态度和言行的一种心理状态。逆反心理是一种普遍的、常见的心理现象，广泛存在于人类生活的各个领域和层面，当然也同样存在于消费者的消费活动中。许多客户在购买产品时会表现出一定的逆反心理，赵本山与范伟的小品《卖拐》就是典型的案例，你不卖他偏要买，客户的欲望被禁止得越强烈，他们内心所产生的抗拒心理就越大。销售员越说好的产品，客户越看不起，这种与常理背道而驰，以反常的心理状态来显示自己的"高明""非凡"的行为，往往来

## 第四章 服务好客户

自于客户的逆反心理。

就推销员与客户相互间沟通的形式而言，99%是靠语言来进行的，所以，推销员一定要学会运用语言进行交流和沟通。语言沟通就是把信息准确而令人信服地传达给客户，并说服客户接受你的建议。

而推销员和客户的语言沟通和平时的人与人之间的交流又有很大的不同，前者是带有明显目的的。虽然说话是人们时时刻刻都在做的事情，但真正做到善于说话，能清清楚楚地表达自己的意图，使别人乐意接受，却不是一件容易的事情。对于推销员来说，由于其目的性，与客户的沟通更是一件不容易的事。

作为推销员，当你与客户交谈时，就是要让他接受你的观点，就是要改变他。但客户是否接受你的观点，并最终达成交易并非是推销员所能控制的。换句话说，你沟通的目的是否能够实现，在很大程度上取决于客户的感受和认同。很多推销员不重视这个问题，认为只要把自己的意思说清楚，沟通的任务就算完成了，其实这种想法是错误的。推销员与客户的沟通是双向的交流，它的成败并不取决于你说了什么，而是取决于客户对你的反应。如果客户不接受你，即使你说得再多再好，也没有任何实际意义。下面我们来看看一位顾客在电脑城购买笔

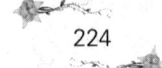

记本电脑时的遭遇：

顾客："你好，我想看看笔记本电脑。"

推销员："你好，欢迎光临。为了你能更好地了解我们的产品，我先向你介绍一下。你光临的某某电脑城，我们代理的是某某电脑公司的产品。某某电脑公司拥有高质量的电脑产品和完美的售后服务。2003年，我们代理的产品还被授予消费者最信赖产品称号。我们将为你提供一流的服务，我们的服务宗旨是一切为了顾客，为了一切顾客，为了顾客的一切……"

顾客："唔？你能把这款产品给我看看吗？"

推销员拿出产品，递给顾客说："这款产品是某某公司的最新产品，具有很多的功能，比如无线上网，这样将会使办公更方便。如果你购买这款产品的话，可以享受8折优惠，另外，我们将赠送大礼包，其中有笔记本包、光电鼠标……"

顾客（不耐烦地看了一眼推销员）："好，我再看看别的吧。谢谢！"

看完这段对话，你一定会哭笑不得。但很多的推销员在实际推销时就是这样做的，当他们见到客户时，总迫不及待地向客户介绍自己的公司和产品，生怕客户未能了解所有的细枝末

## 第四章 服务好客户

节。然而恰恰是因为推销员言语的不简洁，才引起了顾客的逆反心理，才遭到了客户的冷眼。

事实上，没有一个客户愿意听一位推销员自己滔滔不绝地讲述，在这种情况下，成交是绝对不可能的。所以，作为一个优秀的推销员，你就不要这样滔滔不绝地阐述，你要学会不按常规出牌，迎合客户的逆反心理，利用客户的逆反达到销售的目的，这就需要你掌握下列方法来降低客户的逆反心理：

（1）减少不必要的陈述。销售员的陈述会给客户制造产生逆反心理的机会，因为销售员的陈述通常都是告诉客户一个观点和立场，这很容易让客户提出反对意见。对策是向客户提出问题，从而减少陈述的出现，用问题引导客户，让销售工作顺利进行。

（2）站在客户的角度想问题。销售员可以在和客户沟通中，把自己放在客户的位置上想问题，试想一下，如果我是客户，对某种观点会存在哪些分歧。然后在交谈中事先把逆反分歧说出来，让对方无话可说。

（3）提高在客户心中的可信度。销售员在客户心目中的可信度越高，就越能缓解客户的抵制心理，客户的态度也就越积极。

（4）贬低自己的产品。俗话说："王婆卖瓜，自卖自夸"，卖瓜的都说自己的瓜甜。可是在应对存在逆反心理的客

户时，可以适当采用贬低自己产品的方式。

客户的逆反情绪会让他们产生"你越自夸，我越不信；你越说不好，我越信你"的心理。销售员要适应客户不断变化的心理状况，用固定不变的方式去销售只会让客户产生心理疲倦。"质量可靠、实行三包、享誉全球"，客户对这样的话听多了，并不觉得有什么稀奇。而一些违背常理的销售手段，往往能吸引那些心理逆反的客户。

（5）限制客户购买。有些产品会打出"每人限购一件"等类似的广告字样，他们利用客户的逆反心理，吸引客户的注意，无形中勾起了客户的购买欲望。很多客户看到促销广告后，会认为产品数量不多了，非要多买几件，过后还为自己没被销售员发现而暗自窃喜。还有些客户本来只想买一件的，看到广告也要多买。这种限制客户购买数量的方式，会大大激起客户的逆反心理，于无形中提高销售业绩。

（6）请教客户。如果销售员说一句、客户顶一句，那你不妨停止陈述，反过来请教客户。运用顾客的逆反心理，由推销产品改为拜师学艺，从而满足客户的虚荣心，使客户内心舒畅。这样一来，客户常常会反过来一面指导你，一面给你打气，交易很可能就会在这种情况下完成。

# 第四章 服务好客户

## 培养令人喜欢的性格

在现实生活中，有的人性格温和稳重；有的人好动活泼；有的人迟缓安静；也有的人心急暴躁。心理学家认为，暴躁是指在一定场合下，受到不利于己的刺激就暴跳如雷的人格表现缺陷。然而作为销售员，工作的性质决定了自己要面对形形色色、千差万别的客户，也难免遇到性格暴躁的，甚至素质低下、粗鲁蛮横的客户，如果稍有不慎，就会遭到对方的故意刁难、无故谩骂。然而，"顾客就是上帝"，一个称职的销售员，应该懂得如何应对客户的暴躁，始终能以乐观的心态、真诚的服务，来安抚客户的暴躁心理，完成销售。

美国一份关于公众对推销人员评价的调查报告显示，人们最讨厌的推销人员的形象就是：一见面就喋喋不休地谈自己的产品与公司，千方百计地向客户证明自己的实力与价值。

虽然说销售不是人生而具备的能力，然而，不同的性格，取得成功的难易程度却有所不同。具有如下这些性格的人容易取得成功：

（1）渴望成功。渴望成功对销售人员来说，很大程度上就是对高薪有着强烈的渴望，知足常乐的人是不适合做销售员的。销售是一个压力很大的职业，销售员将不断地遭受拒绝与失败，如果没有强烈的成功欲望，就无法激发起突破重重障碍的雄心。

（2）意志坚定。性格软弱的人在谈话中极易相信客户为讨价还价而发出的各种抱怨，不但对这种假抱怨信以为真，而且会向上级汇报。如果销售部门中这样的人太多，销售部经理就会被许多虚假的信息所包围。

（3）热诚友善。销售人员在与客户沟通时，热诚表现出来的兴奋与自信能引起客户共鸣，从而使客户相信并接受。

（4）不卑不亢。销售人员面对客户要不卑不亢，坚信自己的产品和服务具有独特的优点，能给客户带来收益和价值，客户用钱购买产品是等价交换。有些销售代表在潜意识里觉得

## 第四章 服务好客户

比客户低一等，客户购买他的产品是看得起他。这样的态度反而会引起客户的怀疑。

（5）漠视挫折。一帆风顺的订单很少有。对于销售人员来说，挫折失败简直是家常便饭。优秀的销售人员遭受挫折后，能够很快地调整过来，继续努力。而性格脆弱的销售人员一旦遭受挫折，就容易心灰意冷，"一朝被蛇咬，十年怕井绳"，低落的情绪会持续很久，有的甚至从此一蹶不振。

（6）明察秋毫。销售人员需要敏锐的洞察力。不仅需要听话听音，还要通过观察客户的肢体语言，洞察客户细微的心理变化，体会客户套话后面的本质需要，分辨虚假异议后面的真实企图，抓住签单成交的最佳时机。

（7）随机应变。销售人员在销售过程中会遇到千奇百怪的人和事，如拘泥于一般的原则不会变通，往往导致销售失败。

（8）争强好胜。成功的销售人员还要具有争强好胜的个性，面对挫折永不言败，想尽各种办法把业务做好。这种人也喜欢与自己的同事在业绩、待遇、荣誉等方面进行比较，在各方面总想超过别人。争强好胜，对于销售人员来说，是一种积极的心理状态。

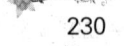

当然，如果你坚信自己能够在销售领域获得成功，那么完全有理由相信，即使你现在不具备这些性格，你也会积极地改进自己，让自己慢慢地成为一个适合做销售的人。

心理学家指出，任何人都有心急暴躁的情绪，但是这种情绪可以在赞美和认可中缓解。况且每个人都有虚荣心，如果销售员能够学会用自己的赞美满足客户的虚荣心，那么客户就会在愉悦中忘记内心的暴躁不安。美国著名女企业家玫琳凯曾经说过："世界上有两件东西比金钱和性更为人们所需要，那就是认可与赞美。"在与客户相处时，赞美是最有效的感情润滑剂，销售员对客户适当的赞美，既能有效地活跃销售气氛，又能满足客户的心理需求，增加销售机会。所以，学会赞美客户是销售员安抚客户暴躁心理的一个重要技巧。但是赞美要恰到好处，如果使用不当往往会适得其反。

总之，面对性格暴躁的客户，销售员一定要保持良好的心态，用自己的真诚与宽容化解客户的不愉悦。一个销售员的态度不仅关系到销售业绩，同时也代表着公司形象。对客户时刻保持良好的态度，是一个销售员需要具备的基本素质。